U0863333

天地之生万物也，以养人。

——董仲舒《春秋繁露》

赵建棠

中国古建筑学专家、高级工程师，
特色小镇开发专家，
现任全联房地产商会特色小镇分会副会长，
中国企业家思想俱乐部执行主席，
中国国际贸易促进委员会建设行业分会城市开发与建设委员会副理事长，
华中集团董事长，
华中小镇总设计师。

自1983年起，赵建棠先生一直致力于传播中国古建园林文化，在美国、日本以及中东、欧洲等地区的多个国家留下了大量中国古建园林作品。20世纪初，他成功创立“华中假日”“华中国宅”品牌，树立中国健康人居新典范。2016年起，顺应中国高质量发展大势，赵建棠先生深耕绿色产业，绘制华中小镇建设蓝图，涞源华中小镇是其首个落地项目。

九和六境

京西凉城·华中小镇

赵建棠 主编

河北大学出版社·保定

出 版 人：耿金龙
责任编辑：李　达
装帧设计：赵　谦　王占梅
责任校对：冯喆圆
责任印制：靳云飞

JIUHE LIUJING JINGXI LIANGCHENG HUAZHONG XIAOZHEN

图书在版编目（CIP）数据

九和六境：京西凉城·华中小镇 / 赵建棠主编. -- 保定：河北大学出版社，2020.1
ISBN 978-7-5666-1647-0

Ⅰ. ①九… Ⅱ. ①赵…Ⅲ. ①小城镇－城市建设－研究－涞源县 Ⅳ. ①F299.272.24

中国版本图书馆 CIP 数据核字（2019）第 302157 号

出版发行：河北大学出版社
地址：河北省保定市七一东路2666号　邮编：071000
电话：0312-5073003　0312-5073029
网址：www.hbdxcbs.com　邮箱：hbdxcbs818@163.com
经　　销：全国新华书店
印　　刷：保定市正大印刷有限公司
幅面尺寸：185 mm × 243 mm
字　　数：115 千字
印　　张：11.75
版　　次：2020 年 1 月第 1 版
印　　次：2020 年 1 月第 1 次印刷
书　　号：ISBN 978-7-5666-1647-0
定　　价：128.00 元

《九和六境》，是一部全景呈现京西华中小镇“大美东方生活哲学”的文化著作。全篇造诣深远，构建出以“天、地、人”为核心的生活境界。文如其人，作为一位有时代精神的企业家，赵建棠先生具有卓识远见，带领华中集团扎根涞源，深耕国家大健康产业，为中国康养小镇发展开辟新的天地。

《九和六境》，把崇高的人生情怀与历史文脉，如春风化雨般地融入优美意境文字中，有故事，有文化，有厚度。读完此书，我又写了两句话送给赵先生：巨笔宏书今胜昔，敬天爱人美名传。

——何界生　卫生部原常务副部长、中国健康旅游保险产业创新联盟理事长优秀的文化基因，对于一个民族的繁衍、一个国家的兴旺、一个企业的发展都极为重要。华中小镇的根在五德文化，本在仁爱文化，到华中小镇的每一个人所能感受到的，是这种文化的无处不在、如影随形。来华中小镇，无论是休闲度假还是旅居康养，看到的是恢宏建筑，体验到的是细心服务，领悟到的是文化精髓。对于华中小镇而言，环境和硬件是载体，专业服务是本质，文化内涵是核心。华中的文化就是中华的文化，她充分体现了中华生命文化的核心价值与人类生态文明的普世价值，即尊生生之德、循生生之道、助生生之气、借生生之具、求生生之效、成生生之美，彰显中华文明生生不息，筑就华中文化基业长青！

《九和六境》是一本有着生命温度的书，是一本蕴含着生命智慧的书，是一本标志着华中集团企业生命文化的宣言书。

——黄明达 世界健康产业大会执委会主席

大爱中国健康联盟主席

《九和六境》是一部展现理想与现实融合的东方美学著作。书籍以弘扬中华优秀传统文化为出发点，感悟华中小镇每一个美学细节，无论是建筑、园林、山水，还是绘画、诗歌、书法，都传承着中国儒家、道家、禅宗文化的脉络，且贯穿始终，彰显着中华民族“天人合一、和谐共生”的审美哲学。

——刘晓忠　中国东方文化研究会人文精神研究院院长

品读赵建棠先生的《九和六境》，感触颇丰。

无论是从地理乡土方面，还是从建筑人文方面，我都能感受到小镇康养生活的三个维度——身体健康的丰富度，内心精神的幸福度，人生格局的宏伟度。其有力推动了人与自然、环境与生命的和谐共生。

凭借渊博的学识与高瞻远瞩的康养理念，赵建棠先生为中国提供了健康生活的新范本，真正做到了心之所向。

——苏元福　解放军总医院原副院长、教授，少将军衔

《九和六境》，弘扬中华优秀传统文化，构筑特色健康文化小镇，正道引领企业社会责任，践行城镇化发展历史使命，为人民健康水平和生命质量的提高贡献力量。

——贾雪阳　中国人民解放军原总参政治部副主任、
中国秦文化研究会会长

华中小镇具有独特的康养气质。从风水角度来讲，华中小镇的环境可称为“山环水抱必有气”，山峦环绕，溪水围抱，是繁衍生息的好地方；从气候角度讲，这里四季分明，道法自然，符合“天人合一”的中国人养生理念；从建筑角度讲，华中小镇是中西文化建筑特点的完美结合，这得益于赵建棠先生深厚的工匠精神与时代情怀。

在企业管理上，赵建棠先生做到了三气：大气、霸气、正气，对员工深深充满了仁爱、体恤、慈祥。优秀的管理必能衍生优秀的服务，华中小镇的健康生活团队，处处体现着“大爱无疆、上善若水”的服务精神，对每一位小镇宾客都关怀备至。

言为心声，祝愿华中小镇明天更美好！

——王成亚　北京市道教协会副会长、北京中医药大学特聘专家京西太行涞源，天蓝水清地丰，是一块福地，赵建棠先生独具慧眼，在这里建成了华中小镇。

在华中小镇康养产业建设上，赵建棠先生具有专业的修为。他深谙京西涞源的自然颐养之道，传承千年的养生文化底蕴，集天地山水之精华，打造了一座“汇聚六大产业”的康养胜地。《九和六境》正是对小镇康养文化的提炼与呈现。

中医是中华文化的瑰宝，要发展继承。在这方面，华中小镇聚焦文化深入，以“上工治未病”为理念，深耕自然疗法，必将迎来一个健康发展的黄金期。

——张文荣　六百年传承的北京鹤年堂中医医院名誉院长

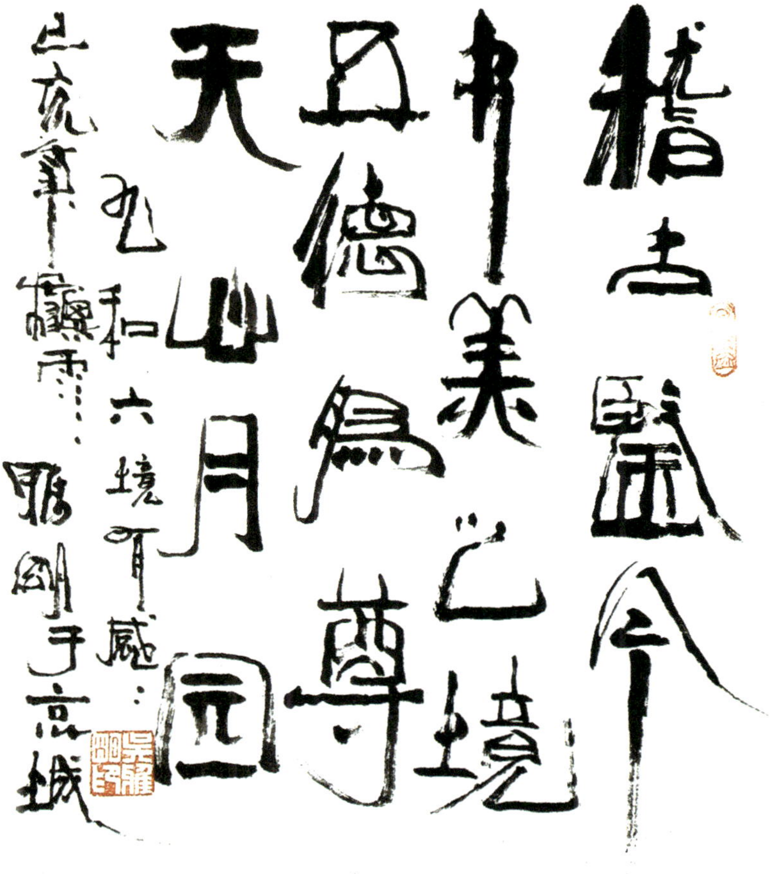

当代著名山水画家、书法家吴雅明为《九和六境》题词

目
录

开　篇　九和筑镇　六境归心　001

第一章　京西凉城　大美之境　009

一 / 寻道

二 / 观山

三 / 溯源

四 / 四时

五 / 觅景

第二章　人杰地灵　心安吾乡　031

一 / 历史的回眸

二 / 乡土的守望

第三章　汉唐雄风　盛世华章　057

一 / 小镇之建筑文化风骨

二 / 小镇之空间建筑业态

三 / 小镇建筑理论内涵

第四章　天地之间　气象万千　089

一 / 风水环境：藏风纳气，象天法地

二 / 设计思想：天地人和，心为我净

三 / 畅游小镇：应目之游，会心之美

四 / 室内环境：天光云影，汉唐传韵

第五章　敬天爱人　五德为尊　113

一 / 投我以木瓜，报之以琼琚——敬之源

二 / 有椒其馨，胡考之宁——敬之本

三 / 显允君子，莫不令德——敬之人

第六章　人心归向　花好月圆　135

一 / 从心出发，寻找乐土

二 / 欢乐之光，照进生活的日常

三 / 健康领航，天然颐养之乐

四 / 仁里之文明，四海一家亲

五 / 田园归原乡，回梦少年时

附　录　特色小镇的生活特色　169

后　记　圆梦康养　心向远方　173

与天求和
吸宇宙之精华

与地求和
纳大地之滋养

与人求和
融众人之智慧

与宅求和
立身体之根本

与山求和
得阳刚之正气

与水求和
增阴柔之秀美

与古求和
传渊源之文明

与今求和
寻当代之时尚

与万物求和
济科学之发展

开篇

九和筑镇　六境归心

作者／赵建棠

华中（涞源）温泉康养小镇是华中集团投资建设的第一个特色小镇。三年来，已接待国内外康养度假游客数百万，仅 2019 年就有 200 多家媒体争相报道小镇，小镇的网媒点击量超 2 亿人次，一时形成社会的热议话题。

是新兴产业带动了新的消费，还是新的消费促进了新兴产业，亦或是在这样一个新的时间节点上二者实现了重合？这是经济学家们的课题。但我想任何一种社会现象的形成都有其内在的规律性，我们只要抓住这个规律努力去做就会取得成功。20 世纪 70 年代改革开放之初，一部电影《街上流行红裙子》轰动全国，少男少女对时尚服装的喜爱带动了中国服装业的大发展。80 年代初，青年人喜欢骑自行车，结果中国产“飞鸽“ “永久”牌自行车供不应求。那时我们公司在北京参建了个“世界公园”，就是把外国的经典建筑微缩后放到一起让大家看，结果这个公园每天游人爆满……

这些都是一个时期的社会现象，它代表了那个时期的经济状况和消费水平，每个时代的产品都会打上时代的烙印。

40多年来，随着中国经济突飞猛进的发展，中国的消费升级已经连升了几格，特色小镇应运而生。特色小镇的实质是解决大城市病，特色小镇的内涵是逐渐富裕起来的中国人对自身健康和美好生活的追求。

基于这样的分析，我在建设华中小镇之初，提出了用“三种精神”建设小镇，即大爱精神、工匠精神和企业家精神。这三种精神成为我们建设小镇的宗旨，反映在三个层面上，归结起来是九和筑镇，六境归心。

大道之行　天下为公

对华中小镇建设格局的思考

当今时代，人民健康已经成为民族昌盛和国家富强的重要标志，也是实现人民对美好生活新期盼的重要支撑。企业只有站在“为人类谋幸福”这个根本立场上，把事业的发展融入国家命运与民族复兴，不断重塑和构建新的核心竞争力，才能行稳致远持续发展。

华中小镇，是以“健康智慧”创造“美好生活”的小镇，是创新推动“产、城、人、文”融合发展的小镇。这里不仅有大规模中式建筑群，还深入立足“美好生活服务”，引入优质大健康产业资源，全面满足人的“十项美好生活需求”，即五项生理需求，包括衣、食、住、卧、行，以及五项精神需求，包括学、友、娱、养、情，让优秀的建筑空间，变为承载幸福生活的聚集地。

华中小镇生活的魅力，在于原乡与归宿，这是一份身处繁华都市却追求自由精神的崇高理想。依托涞源丰富的自然生态资源，小镇集“游、养、文、学、农”为一身，引领都市中的人们，去寻觅原乡的那份情感。这里背倚太行盛景，面朝白石霞光，高负氧离子的空气让人畅快呼吸，高矿物质的冷泉热泉滋养身心，生机勃勃的田园花海令人如痴如醉，处处弥漫着浓郁的乡愁情怀……随着“度假休闲、中医疗养、亲子旅游、文化礼仪、修养教育、商务活动、美容美体、温泉养生”等数十项业态全面落地，小镇构建起“产业兴旺、业态优美、宜居宜养”的生活新样板，将“生态之美”升级为如诗如画的生活感悟和心灵涵养。

做大健康产业，要具有家国情怀。随着国家富强、人民富裕，我们要彻底摘掉“东亚病夫”的帽子，不能是自己摘，要达到世界认可的水平。小镇的活力在于产业，小镇的价值在于健康，没有产业的小镇，就是一个睡城，没有健康的小镇，就背离了“解决大城市病问题”这一初衷。

为了营造健康美好生活体系，小镇始终贯彻“以养为主、养医融合、未病先防、全龄康养”之理念，在中医养生、自然养疗、健康管理、医疗救援等领域持续发力，为客户提供个性化、定制化的全方位健康养疗服务，使客户拥有平和之心境，强健之体魄，康乐之生活。

“九和”

华中小镇文化之魂

做中国特色小镇，必须要以深厚的国学文化为底蕴，从《竹书纪年》《尚书》《中庸》《论语》《道德经》《春秋繁露》到二十四史，从孔子、孟子、老子到董仲舒，从文学、哲学、建筑学到医学，以及历朝历代的书画艺术等，都应有所研究。没有中华文化根基的“小镇”，往往会荒腔走板，因为中华优秀传统文化是“民族文化的血脉”，特别是中国建筑与中华医药，堪称中华博大文化宝库中的两支瑰宝，唯有深耕与传承，才能在人类历史长河中，留下中华文化的经典。

华中小镇，根植于中华民族崇德尚礼、自强不息的优秀文化，处处蕴含着“以人为本、仁者爱人、天人合一、以和为贵”的核心文化理念，汇聚了儒（大爱无疆）、佛（普度众生）、道（自然无为）等多家仁爱思想，形成了“华中小镇基因”和“生活精神”。

国宅赋

忆往昔，盘古开天，天惊石破，斗转星移，大浪淘沙，千年一唱。

追今日，太平盛世，政通人和，物华天宝，推陈更新，国宅始出。

国宅之心，贵在求和。

与天求和，吸宇宙之精华；与地求和，纳大地之滋养；与人求和，融众人之智慧；与宅求和，立身体之根本；与山求和，得阳刚之正气；与水求和，增阴柔之秀美；与古求和，传渊源之文明；与今求和，寻当代之时尚；与万物求和，济科学之发展。

此乃九和。

国宅纳天地万物之和，筑琼山福海之园，倾华中三十年之精力，诚奉天下仁人。

这首《国宅赋》，是我于2010年秋月所作，诠释了华中“九和”的文化精神。

“九和”理念是以“天地人”为中心，涵盖与天、地、人、宅、山、水、古、今、万物的关系。“与天地万物求和”是人类生存的根本，也是华中小镇内在文化灵魂。“和”是宇宙自然、社会人生发生的规律，存在的常态，功能的佳境。“和”也是中国哲学中的一种理想境界，包含着丰富的文化内涵。“和”字主要含义有：相安、协调、团结、和平、共生、包容等。

一个“和”字，道出了五千年中华文化的精髓，将其延拓至华中小镇文化，其已经成为小镇文化不可或缺的核心元素。“和”的元素融入了小镇每一个细节，如规划布局、环境场所、建筑设计、园林景观、业态融合、服务标准、美好生活等，体现着天地阴阳和谐，万物有序共生，镇民身心健康。

华中小镇有着“和而不同”的内在精神，在处理人与人、人与自然的关系方面，旨在传承中华和谐内在精神的基础上，运用多元化的表现方式，结合现代国人的美好生活理念，用包容的心态，吸收古今中外的优秀文化。在“海纳百川”

基础上的“扬弃与整合”，以“和而不同”的中国智慧规划梳理最优体系，让镇民充分感受阳光、自然、健康、尊贵的和谐生活。

“九和”与《道德经》

老子《道德经》四十二章云：“道生一，一生二，二生三，三生万物。万物负阴而抱阳，冲气以为和。”从宇宙本体、生化论层面，阐释了“和”是阴阳二气矛盾统一，是生成万物的内在依据或存在状态。而《庄子》的《天道篇》称：“与人和者，谓之人乐；与天和者，谓之天乐。”“天和”“人和”即是顺应自然，而不要人为地干扰，甚至破坏自然，这是万物之美的哲学根据。

《道德经》中的“道可道，非常道；名可名，非常名”，阐述的是“道”与“名”的关系，与“九和”的理念一致。“无名”，即为天地之始，“无名”之道研究的是宇宙的规律；“有名”，即为万物之母，研究的是微观，是具象物体和自身性能。老子研究的内容大至天地万物运营之规律，小到天地万物生存之微观。老子讲“有欲”和“无欲”，人有欲，研究的是天地法则；人无欲，研究的是微观具象。而“九和”，研究的即是天地之妙，万物之微。天地五行、阴阳相生相克的理论均包含在内。

华中小镇的“九和”理论，并非完全的“无为”，仍以人为主体，完全符合中华传统的自然观、伦理观和社会观。中华文化追求天地人和，“天地”是自然，“人”是主体。“天地人”三者之间的关系，即以服务于人或者以人为主体，科学地对待自然环境。建设者应抱着对大自然的敬畏之心，维护好大地的生态链，科学利用它，而不能人为破坏它。习总书记提出的“绿水青山就是金山银山”，亦是此道理。绿水青山是人类生命之源，能够科学利用之，自然就是“金山银山”，形成社会经济链的一部分。

六重康养境界

回归本真，从心出发

“天地之大美，建筑之独尊，人生之坎坷，唯此处可归心”，这二十一个字，传递了一份与世无争的清高理想，也诠释了华中小镇的“道性和情怀”。认同华中小镇山居生活的人，不是来这里养老，而是追求身体之康养，心灵之回归，享受这里的“大美”与“独尊”，享受生活，实现自我价值，让人生永远充满正能量，收获身心的滋养与内心的启迪。

以“九和”为文化基础，华中小镇衍生出六重康养境界，即“境、竞、静、净、敬、境”六大文化，由“境”到“境”，形成一个逻辑闭环，体现了“轮回文化”与“和合精神”，与“自然环境、乡土文化、建筑文化、环境文化、服务文化、生活文化”六个章节一一对应，贯穿始终，成为每个章节的康养理念之本。

境，即“地理文化 · 山水大境”，指自然之境，也就是涞源自然山水之美境、京西太行生态康养之仙境。

竞，即“乡土文化 · 万物竞生”，寓意涞源山水之美与乡村田园之美竞相绽放，百花竞香。

静，即“建筑文化 · 宁静致远”，小镇建筑的汉风唐韵，展现一份独有的安静尊贵，以历史文脉传承大国情怀。

净，即“环境文化 · 意净心清”，指天蓝水清地丰，干净的生活环境，康养的人文情怀，净化人生的灵魂。

敬，即“服务文化 · 敬天爱人”，敬天爱人，珍爱生命，涵盖了小镇中人与人之间的友情与亲情，以及家人般的热情贴心服务。

境，即“生活文化 · 大境归心”，此“境”非自然之境，而是人生之境，以全新的生活理念、健康的生活态度、健康的生活方式及社会伦理关系，展现“再出发”之人生格局境界，达到一种人生新高度，让人格境界再升华。

华中小镇的生态文明，以人为主，以文为魂，以德为风，以邻为亲；华中小镇的文化哲学，修己安人，养德睦邻，求真明道，聚善归心。她是中华民族精神的一个缩影，创造了新时代城乡融合的典范，不仅镌刻着华中人的勤劳奋斗，更承载着小镇居民的幸福理想，以“尊德尚礼、邻里相亲、万物相扶、尊老爱幼、勤俭持家、天人合一”之精神，打造一处有温度、有向往、有情怀，孩子欢乐、长者喜悦，花好月圆、如诗如画的心灵归宿。

这，就是华中小镇追求的文化境界。

第一章

京西凉城　大美之境

自然环境篇

ZIRAN HUANJING

天地有界，
行者无疆，
回归自然，
寻觅本真性情。

得山水之清气，极天地之大观。

涞源，巍巍太行之首的一片稀世净土，深藏在高山盆地之中。美是这里的主旋律，大自然用富有魔力的双手在这里挥毫泼墨，任意挥洒，创造了连绵起伏的群山、百花竞放的谷地、郁郁葱葱的森林、欢腾跳跃的河流。山脉，绵延着巍峨挺拔的姿态；水脉，流淌着古今交融的文明；叶脉，供养着朝气蓬勃的生机，绘就了如诗如画的自然美境。涞源的美贵在万物和谐相生，渗透在一草一木之间，弥漫在青山翠谷之间，浸润在一年四季之中，具有涤荡心灵的神秘力量。

华中小镇扎根大美涞源，遵循自然法则，敬山，敬水，敬万物生灵。华中小镇传承中华文化的精神，演绎着“以人为本、天人合一”的东方哲理，秉承新时代“创新、协调、绿色、开放、共享”五大发展理念，追求人居与自然环境的和谐统一。依托涞源净水净土净气的稀缺康养资源，在太行山脚下，华中小镇已成为一座闻名中外的度假胜地。原生的太行山体，古树繁茂的自然森林，瓜果香甜的绿色田园，围合而成小镇天然的生态屏障，使得小镇成为“避暑避霾的天选之所”。小镇内全域绿化，于山明水净处打造“人居健康福地”。

一，寻道

“人法地，地法天，天法道，道法自然。”天地之大美源于自然。老子不问世事，身心皆归于自然，终于参透“道”的内涵，揭示了天、地、人乃至宇宙万事万物均遵循“道”的“自然而然”的规律。

涞源的“道”，虽非老子哲学层面的“道”，但亦是对“道”、对自然规律的遵循。道路的建设依山就势，顺循生态环境，在无形的“道”的指引下，变成一条条有形的路。道路，是一个城市发展的脉络，也是社会发展的一个缩影，承载着人们的幸福生活和驶向远方的梦。

涞源地处巍巍八百里太行山北麓，历史上曾经是个被群山环绕的封闭之地，偏居一隅，只有小路与外界沟通。千百年来，人们行走在山间的沟沟坎坎里，走亲访友，贩运山货，有条平坦的路成了代代人的期盼。俗话说："要想富，先修路。"从山间小路到乡镇大路再到高速公路，道路的建设为涞源这块古朴的土地注入了新的活力。

如今的涞源，道路四通八达：张石高速、太行高速、京原铁路、108 国道、112 国道、207 国道等交通干线贯穿全境；毗邻北京、天津、雄安新区，是东联京津冀、西出晋陕蒙的桥头堡和咽喉要道。2018 年，荣乌、涞曲两条高速公路的开通，大大缩短了涞源与北京、天津、石家庄、保定市区、雄安新区的距离。目前，京原铁路电化工程已经正式开工，市郊列车开通后，将成为通勤快速通道。同时，乌大保高铁也计划投入建设，将在涞源设立区间站。涞源，已经成为京西生态高地上的区域性交通枢纽。

觅道而行，向内探寻，到达一处滋养身心的健康福地——华中小镇。生活在其间，沐浴纯净阳光，于山顶看云飞，于林间听鸟鸣，于山居品悠茗，于湖畔钓心情……在这里，读懂自然的真，感悟人情的善，体味度假的美，寻回生命的本真。乘兴而行，兴尽而返，每一次呼吸都令人身心舒畅，每一分情感都心归原乡。

二，观山

千万年来，依山而居，是中国人最古老的居住理想。连绵不绝的山峦充满着神秘色彩，也蕴藏着人类健康长寿的奥秘。

孔子曰：“知者乐水，仁者乐山；知者动，仁者静；知者乐，仁者寿。”

依山居，可以让人像山一样平静，像群山一样向万物张开怀抱，站得高，看得远，宽容仁厚，不役于物，也不伤于物，不忧不惧，所以能够健康长寿。

华中小镇追求“山水间，人间有仙境；繁城外，山居可清心”的生活意境，这恰恰是涞源这块充满生机的土地上，人们世世代代的生活场景。涞源坐落在高山盆地之中，是一处返璞归真、颐养身心、令人神往的人间仙境和天然氧吧。古人云，太行为雄，燕山为幽，恒山如奔、如行。这三大山系在涞源盆地首尾交会，相互抬高，造就了涞源个性鲜明的地形地貌和气候条件。涞源的地势特征为西北高东南低，境内群山起伏，沟谷纵横，山间分布着大小盆地。这里肥沃的土壤，蕴藏着金、银、铜、铁、铅、锌、锰、钼等资源，堪称“聚宝盆”。多样化的地形地貌，不仅增添了涞源山水竞秀、风光如画的自然景观，也为良好的人居环境创造了先决条件。

860米的平均海拔，赋予了这里清新怡人的空气、碧蓝如洗的天空以及绝佳的康养优势。据实验研究，最适合人类生存的海拔高度是800—1500米。世界有名的三大长寿区域，如厄瓜多尔的维尔卡巴姆巴山区，我国广西壮族自治区的都安县、巴马县等都位于海拔800—1500米的山区。在这些地区，老人超过百岁的情况十分普遍。因为在这个海拔范围内，人的心跳会提高15%—20%，心率会微微加快，能促进新陈代谢，强健神经系统，提高免疫力。久居此处，对于哮喘、支气管炎、高血压、偏头痛及冠心病等疾病有显著缓解作用。此外，一般把海拔800—1200米作为运动员高原训练的最佳高度，人的心肺功能在这个高度能够得到最大程度的释放。

“浩渺烟波翠浪翻，莽林秀木敢撑天。”涞源连绵起伏的群山、优质肥沃的土壤孕育了上万顷的原始森林和天然次生林，这些植被承接着天赐的阳光雨露，吸吮着大地的乳汁，自由自在而又神秘莫测。华中小镇坐落在高山密林的怀抱中，周边分布着1866公顷原始森林，仿若梦境中的“绿野仙踪”。依托着草木的灵气，空气中负氧离子的含量每立方厘米可达到20 000—60 000个，这是自然赐予人类最珍贵的宝藏，是养护健康、延年益寿的天然秘方。小镇是青山翠谷间的一座天然的大氧吧，这里良好的空气把自然界新鲜的物质带入我们体内，再把人体产生的有害物质换掉。在自然优美的环境里生活，健康长寿变成了理所当然的事。任何人到了这里，都会放下城市的繁忙，体会身心自由呼吸的畅快，与蓝天白云、山水风光融为一体，被这里清新纯净的空气灌醉。

“近山褪俗念，唯有竹声喧。栖心皈净土，推云步梵天。”山林中隐藏着古人的养生智慧。传说，孙思邈曾经在唐朝宫廷中做过一段时间的御医，发现朝野中不少人因为服食长生不老丹药而中毒，因此深知丹药不是延年益寿的良药。孙思邈曾对唐太宗说过，宁食野葛不服五石，丹药的毒性太大，炼丹的药方应当立即销毁，不能久留。但是，有记载，以从谏如流著称的唐太宗，并没有听从孙思邈的劝说，50 多岁的时候便因服用丹药而丢掉了性命。失望至极的孙思邈离开皇宫，隐居在山林之中，想重新为世人寻找一条健康长寿的道路。在今天终南山的药王庙里，有一块石碑上刻着《孙真人养生铭》，孙思邈在这部养生铭中说，大怒损伤肝脏之气，思虑过多容易耗伤人的精神，而身处美好的自然环境中，才是养生的重要条件。孙思邈在终南山中隐世不出，探究医理，终年 101 岁。

古人的智慧为我们揭示了养生的奥秘，从自然中汲取养分，忘却凡尘俗念，身心与自然融为一体，才能够健康长寿。伴着山间的清风，人们在苍翠欲滴的林间行走，一呼一吸之间尽是草木的芳香，回归最原始的生命运动形态，感悟“天人合一”的至高境界。此时，身体是休憩的、沉醉的，心灵是安静的、从容的。这便是生活的减法，烦乱的思绪随清风散去，我们寻回的是一种放飞心灵的自由，回归的是一种安静沉思的生活。

三，溯源

水乃万物之本，生命之源。老子曰：“上善若水，水善利万物而不争。”孔子曰：“水有五德，有德、有义、有道、有勇、有法，君子遇水必观。”水的至善、至柔、至净、至谦，引发人的深思，带给人哲学的启示。

涞源与水有一段不解之缘，它处于涞水源头，因水得名，素有“泉城”

之美誉。涞源的河流多由泉群喷涌汇聚形成，是从平地钻出来的河。涞水源、易水源、拒马源三组泉群在盆地腹底同脉共生，泉域总面积达 1062 平方公里，已查明山泉 102 处，水质明澈清冽，得自然之生趣，流动着生命的意蕴。原本潜行地下的水，一旦露出地面，则活脱脱地呈现出生命的活力，或无声涌动，或哗哗喷出，亿万年来，阅尽岁月更替和生命枯荣，生生不息，滋润了大地，孕育了生灵。

在涞源的北城子村，正在上演着生命之源的传奇。这是一个与世无争的古村落，人们世代以农耕为生，自给自足，却隐藏着令人梦寐以求的长寿秘诀。村子并不大，65 岁以上的老人多达 500 多位，80 岁以上的老人有 100 多位，90 岁以上的老人身体依然十分硬朗，思维清晰，生活得有滋有味。

在这里，人与水是相伴相生的，灵秀的水经年累月地缓缓流动，培养了人们谦和、纯朴、包容、善良的性格，也给人们带来了健康与长寿。水在人们生活中扮演着重要角色，渗透进一日三餐、农业耕作、沐浴净身等方方面面。清晨，村里人是被清澈甘甜的山泉水唤醒的，咕咚咕咚喝几口山泉水，就能精神饱满地投入劳作中。田地里的谷子、蔬菜、瓜果也在山泉水的滋润下，更加茁壮地生长着。人们干农活累了，便随意掬起一捧泉水来喝，既解渴又解乏。傍晚，劳作之后一起相约去村里的温泉泡池，吃着刚刚采摘的新鲜瓜果，谈天说地，言笑晏晏，让天然的温泉水洗去一身的疲惫。在北城子，人们把生活的醇香，统统融进水中，酿出每一个闲适的日子，在岁月静好的时光里，探寻生命的最大价值。

北城子的水为什么隐藏着长寿的奥秘？答案可以从水中去寻找。因山得水，因水生泉。这里的饮用水是真正的山泉水，从深山地下涌出，通过花草树木吸收，再经过层层土壤过滤，喷涌而出，水质极佳。“四时不涸不溢，冬暖夏凉”，其水性顺应四季时令而变，是自然养生的健康饮水首选。这里的温泉水经过地下2000米岩层的过滤，是纯天然的清澈，水分子团小，渗透性强，矿物质含量十分丰富，属于高含氟温泉水。温泉养生古已有之，秦始皇为治疗疮伤而建“骊山汤”，由此开启中国温泉养生之先河；1000多年前，北魏地理学家郦道元的《水经注》中“皇女汤，可以疗万疾者也”一句，表明古人用温泉水通过饮疗、浴疗的方式治病；北宋文学家苏轼用“温泉水滑洗凝脂，皓首沐浴回常春”两句诗，赞扬了温泉的妙处。

华中小镇，传承着长寿之乡的文化渊源，深挖涞源独特的“双泉文化”，打造“一泓冷泉，身与心同清”“一池热泉，天地人同醉”的康养意境。小镇采用当地800米深处的天然冷矿泉水，该水清甜甘洌，呈弱碱性，富含钙、镁、钾等丰富的矿物质元素，长期饮用可以提高人的机体免疫力，改善亚健康的状态，对皮肤也有很好的保养作用。小镇的白桦林温泉谷，开采白石山地下2000米优质矿物温泉，该温泉水与雄安新区属同一热流体质。此脉温泉长年累月地吸收山水灵气，富含钙、镁、钾、钠、锌、铝、铁等30多种矿物质，可以帮助人们延缓衰老、缓解疲劳，对慢性病也有特殊疗效。华中小镇以优质高山温泉为依托，匠心打造30余座室内外泡池，独创九大功效泡池，如甘露滋平和、补肾养阴虚、暖胃补阳虚、安神助血虚、解表散血瘀、芳香化痰湿、养脾去湿热、疏肝缓气郁等功效，各有所专。小镇传承中医康养文化，形成大中医温泉养疗系统疗法，创建了“泉、身、心”相融的独特温泉康养胜地。人们浸泡在高山温泉中，能感受中草药沐浴之功效，汲取天然氧吧之精华。

四，四时

《黄帝内经》云：“故阴阳四时者，万物之终始也，死生之本也。逆之则灾害生，从之则苛疾不起，是谓得道。”这句话指出了人体健康与四季气候的变化存在着密切的关系，适宜的气候养身又养心。涞源是被上天眷顾的地方，依山傍水，四季分明，形成了独特的气候，具有“鸟语花香春来迟，波光粼粼夏无暑，遍野果香秋色艳，漫山积雪冬意浓”的特点。冬无严寒，夏无酷暑，空气清新，最是养人。涞源因四季的变换而多姿多彩，如诗，如画，如梦，如歌。穿梭于风景如画的四季之中，是一次对身心的治愈之旅。

春之花境

相比于平原城市，涞源的春天总是要来得晚一些。人间四月芳菲尽，山城涞源始春风。春风带着一丝凉意，最先唤醒了阳坡上的老杏树，层层叠叠的杏树上绽放着白里透红的杏花，让人产生置身雪中的错觉，股股春意袭来，奏响了春的旋律。

涞源随之灵动起来，犹如一支神笔，一抖，一甩，山也俊秀了，人也活跃了。一片片山花，相继开放，艳雅皆具，风韵各异。极目远望，层层花浪浮云翼，簇簇娇妍红满山，宛如人间仙境。柔柔的阳光里，春姑娘低吟浅唱，此时的涞源，每一秒都有景，每一寸皆是画。在溢满花香的悠长谷地中行走，感受着春天的热烈和奔放，你会发现时光是缓慢轻柔的，美好是不断延续的。

山花开放的季节，也是山民们劳作的季节，“春种一粒粟，秋收万颗子”寄托着山里人最纯真朴素的愿望。清晨，山上的梯田已是一番热闹景象，人们在田间地头辛勤劳作着，有说有笑，其乐融融，一边耕种一边闲话家常，你不自觉地便会被他们的快乐情绪所感染。

遒劲的枝干、各色的山花、厚实的大地、高山巨壑、田间巨石，再加上劳作的人们，一幅早春的绝美画作跃然眼前。天地万物都以不同的丰姿勾勒出春天的和谐画面，每个生灵都以其独特的魅力，与大自然相得益彰，相互融合。

夏之凉境

炎炎夏日，久居城市之中，高温总是让人心情格外浮躁。而山城涞源，却有着一种独特的清凉。太行山将涞源城海拔抬升千米，耸立的峰林将此处围绕成高山盆地。夏季，白石山将暖湿气流拦截在峰丛巨壑外，加之丰富的降水、茂密的植被等天然优势，共同造就了涞源之“凉”。

这里的夏季平均气温仅 21.7℃，比承德避暑山庄还要低 2.7℃，是名副其实的“避暑凉城”。

“日披衫，夜拥棉，凉风吹面乐悠然”将涞源夏季的清凉描述得十分生动形象。因为气温低于城里，所以山城即使在夏季也仍然春色依旧。初夏进山，凉意微风扑面而来，天地间被山峰花影勾勒出结庐归隐的浪漫，又于朴实间透露着遗世独立的清新秀美。逃离盛夏，沉醉于满溢清香的街道和山谷，时光仿佛倒流返春，人间恍若隔世。

涞源的夏季除了清凉，还带有田园牧歌的诗意与浪漫，人们在春天的忙碌，换来了夏日的果蔬飘香。充足的光照和山泉水的滋润，让各色果子都更加清甜饱满。在农家，果子都是现摘现吃的。就拿西瓜来说，人们从地里采摘了，先放入清凉的泉水中浸泡几个小时，之后一家人围坐在树荫下的圆桌旁，共同享受这份新鲜的美味，西瓜的清香让周围的空气都是甜甜的。

秋之画境

读涞源，最好的季节在秋天。秋风过处，这里便成了彩色的世界，成了天然的调色板，自然调和的唯美画卷，令人赏心悦目。漫山遍野，千叶万树，变幻出最鲜艳的色彩，张扬着鲜明的个性，为大地奏响层林尽染的华丽乐章。色彩最红的当属皂角，其次为花椒、枫树和柞树，最黄的则是椴树、桦树和山杨。山坡上最抢眼的是一簇簇、一团团的山菊花，它们有粉的、紫的、白的、黄的，像繁星一样点缀着略显肃杀的秋山彩林。

“久在樊笼里，复得返自然。”人本就是自然中的生灵，离开自然太久，让心灵都无处皈依。不若寻一段闲暇时光，来一场心灵的放飞之旅。在山林间，闭上眼睛听听自然的声音，小河哗哗的流水声、蛙叫鸟鸣声，伴着风吹动满山红叶的簌簌声，汇编成了最动人的乐曲，具有安抚心灵的神奇魔力。

秋季是涞源山民最喜欢的季节，当秋风给谷田涂上一层金黄，丰收的喜悦也在山民的嘴角漫溢开来。“割收唯恐慢乡邻，秋动声声感物新。”田间到处都是人们忙忙碌碌收割的身影，丰收的谷物和山民们的笑颜，构成了一幅醉人的原乡图景。

冬之素境

“穿霾破雾向山行，一道雄关天两重。”冬天，层层雾霾笼罩在城市上空，人们不得不全副武装抵御雾霾的侵害。而高山的阻隔，让涞源仿若一个与世隔绝的世界，这里全年无霾，空气质量良好，PM2.5 指数常年低于 20 μg/m³。晴好冬天那抹静谧的蓝，是自然孕育的墨，与柔软的白云交相辉映，浓浓淡淡，深深浅浅，晕染了关于冬的全部想象。

涞源的冬天，有一种别样的美，在檐下的冰挂里闪耀，在玉树琼枝上抖动。山岑寂，水无声，大自然以疏笔白描，绘就了情致淡远的冬日景象，而漫天琼花飞舞，千山雪浪腾涌，则又是一幅大气磅礴、韵味悠长的画卷。

山城的冬天，节奏是缓慢轻柔的，对于山里人来说，快乐是一件极容易的事情，知足常乐是每个人心中的信条。雪花增添了大地的厚重，也给涞源人带来了忙里偷闲的惬意。纯洁的冰雪世界成了孩子们的乐园，他们像一个个快乐的小精灵，在雪地里追逐打闹，把雪堆成各种充满童趣的造型。男人们围在火炉旁，温一壶老酒，品尝着涞源山中土生土长的核桃、花生、大枣，果酒飘香，人们谈笑风生。女人们则聚在一起做着百年传承的涞源特色剪纸，相互打趣，安然浅笑，想来岁月静好便是这种情状吧。

五，觅景

涞源，积淀着千山万壑的绿，浸润着百泉交汇的清。在这里开启一场自然原乡的探秘之旅，在大美风光中，可以感受山水花木的交相辉映，感悟纯真质朴的原乡情怀，与自然和谐共生，与健康长相厮守，返璞归真，怡情养性，悠然自得。

瞰美景·游涞源

白石山，是涞源的标志之一，是世界地质公园、国家 AAAAA 级旅游景区、国家森林公园。白石山拥有北方山的韵味，兼具南方山的特色，集峰林、怪石、绝壁、峡谷、瀑布、森林、云海、佛光、长城、庙观等景观于一体，坐拥“三顶”“六台”“九谷”“八十一峰”，峰峰挺拔，谷谷幽深，飞瀑穿峡，群泉涌溢。每年夏天频频闪现的云海佛光更是一绝。最美妙的是，华中小镇距白石山仅8公里，享受着“最佳观山距离”，可以让心灵“依偎”白石山，享受“眼观山水、心怀天下”的高远旷达。

十瀑峡以高山峡谷、溪流瀑布景观为主，是白石山西麓的山谷。泉水从海拔1400米处涌出，在峡谷巨石间流淌，跌宕为瀑，流涟为潭，有大小十多道瀑布，各具特色。峡谷两侧山体陡峻，怪石罗列，在绿色苍郁的植被衬托下，更显出生机勃勃。

拒马源是国家城市湿地公园，海拔近千米，是中国少有的高原湿地，泉群面积达6平方公里，泉水淙淙，白杨绿地，山水相映，环境清幽，可谓一派水乡风光。拒马源是拒马河的源头，也是拒马河的主要水源，从古至今，滔滔不绝。这里空气甜润而清新，游人至此顿觉心旷神怡，有超脱世俗之感。

空中草原属于草原型自然风景旅游区，以高山草甸、森林、草原风光著称。这里是大平顶山的山顶，周围是陡峻的山坡，山顶上是空气清新、坦荡如砥、绿草如茵、野花遍地的大草原。习习凉风吹碧海花浪，朵朵白云抚仙地游走，游人可“手摸白云天，脚踏花草地”。

仙人峪是一条长约5公里的“两山壁立、一线中通”的大峡谷。夏季谷中溪流淙淙，野花漫道，景观别致，时有祥云紫气缭绕。据说这里是仙人隐居修炼的地方，故称“仙人峪”。景区内集高山、峡谷、瀑布、寺庙于一体，环境幽静，景色别致。

横岭子保留着最原始的生态环境，像是燕山深处一个巨大的天然盆景。林立的奇峰中沟谷纵横，天然次生林遮天盖日，郁郁葱葱，古木参天，藤缠蔓垂，朽木横卧，清泉流淌，野花竞放。行走其中，近距离感受大自然的魅力，让人沉醉，流连忘返。

悟原乡·雀儿林

华中小镇西侧的深山中，有一片令人向往的神秘原乡，那就是雀儿林。雀儿林把仙灵之气吸纳包容，形成奇峰、幽谷、密林、田园交相辉映的生态风光，宛如一幅悠然的泼墨山水画卷。

雀儿林村四面环山，周边还分布着“灵吉”“南石盆”“十八堰”三个原生态村落，犹如世外桃源般安静、祥和、隐秘。据当地百姓讲，抗战时期，日本军队驻扎在附近，经常进行“扫荡”，但一直不知道这山谷里有个村庄，因此这里被当地百姓称为“鬼子都找不到的地方”，可以想象这里有多么隐秘。

穿行于峡谷之间，一路有娇俏的野花相伴，悬崖峭壁耸立两侧，那陡峭的石壁有如刀削斧劈，葱莽的山草遍布全谷，展露着不一样的原乡狂野。缘路而行，山谷愈发开阔，两侧的石壁逐渐后退，起伏的山峦形成了两条柔美的曲线。山的一侧有了河道，渐渐地路的两侧有了梯田，山崖之间的巴掌田和从石窝里垒出来的田地，是在平原上见不到的田园风貌。

来到雀儿林，最初的感受是空气清新，让人精神瞬间放松。在崎岖的山路中行走，享受湛蓝的天空，而寂静的山谷、暖暖的阳光、幽幽的鸟鸣、山石间的小花，在大自然中挥霍才情，为山中的唯美展示了真容。偶尔会有几拨羊群和黄牛与你擦肩而过，一阵阵的叫声在空荡荡的山谷里回响，清远悠长。

在寂静的山谷深处，雀儿林村缓缓揭开神秘面纱。村口200多岁的古槐树历经岁月的洗礼，依然苍翠挺拔，诉说着生命的故事。几处土屋横卧在暖阳中，饱经沧桑，与野生格桑花形成鲜明的对比。没有围墙的院落，鸡鸣狗叫乐享自在，偶有老农在檐下摆弄着即将入仓的玉米。每个院落都建在高高的石阶上，用石子铺成的小路光滑而洁净。热情好客的村民捧出一份份带有山野气息的礼物——新鲜的笨鸡蛋、可口的涞源山蘑菇、最正宗的涞源小米，寄托了村民最纯真质朴的善意，带一些回去，享受幸福的原乡味觉。

雀儿林，是上天赐予涞源最美的礼物，具有一种神奇的治愈力。曾经，有一位来雀儿林游玩的泰国友人，几十年来，身体有个老毛病，每天早上起来都会咳嗽不止，吃过很多药都未曾见效，令他十分困扰。然而，在雀儿林小住几日之后，每天呼吸着大自然的纯净空气，吃着山野人家的简单饭菜，感受着浓浓的淳朴民风，他的咳嗽症状竟然得到了明显缓解。本来计划 5 天的行程，因这里的美好，又延长了半个月。走的时候，村民到村口送他，这种暖暖的关怀和乡亲情，让他动容，因此他对这个地方充满了眷恋与不舍。之后的几年，这里变成了他魂牵梦绕的地方，只要一有时间，他就要来小住几日。

这是一个静心养身的地方，会让你忘却时间，忘却烦恼忧愁。在并不奢华的雀儿林小聚，让一切回归原生态的平静。这里的古树、山谷、巴掌田和草木丛等一切印记保留着原生态的恬静与让人心旷神怡的原乡之美。而太行漫谷的崛起，将幸福的原乡生活放飞升级，让幸福回归本真。

像雀儿林这样的古老山村，在太行漫谷还有几处，如十八堰、南石盆。这里泉水叮咚，山庄静隐，白云悠悠，独具特色，各有一方古朴而悠然的风韵。

涞源，一方令人神往的净土，在这里，感悟山的阳刚高峻，品味水的平静柔美，欣赏草原的辽阔奔放，江山如画，美不胜收。

正如赵建棠先生所说：“在涞源建华中小镇，更让我如鱼得水，因为这里的自然环境是任何城市都无法相比的。我曾想，古有黄公望的《富春山居图》成为中国国宝，倾倒了无数志士贤达，甚至皇帝。其实它只不过是一幅画，是古时文人墨客、竹林贤士的理想居所。把《富春山居图》描绘的理想居所变成现实是我的夙愿，华中小镇定能成为巨幅画卷的实践版。这里山清水秀，茂林修竹，山居散落，或偶有聚会，或高谈阔论，或挥毫泼墨，或佳音一曲，或一盏香茗，生活在小镇，悠哉，乐哉，幸哉！”

第二章

人杰地灵 心安吾乡

乡土文化篇

XIANGTU WENHUA

染一指水墨，
写意心中世界；
撷一瓣馨香，
回归梦想田园。

苏轼有词云：“此心安处是吾乡。”

一个地方最先吸引你的可能是美丽的自然风光，但真正能留住你的却是它独有的风土人情。乡愁是一种记忆，承载着一脉温情，是心灵的归宿和依托，牵动着每个人的情，缠绕着每个人的心，它连接着深远的过去，呼吸在纷繁的当下，也存在于绵长的未来，生命因此得以丰盈。乡土文化是一份原乡之美，呼唤着人们深情归依；乡土文化也是一种优秀的基因，引领人们的道德观和行为。它告诉我们，何为修身养性、义利取舍的人生观，何为道法自然、天人合一的生态观。

外揽山水之幽，内得人文之胜。涞源，一个来了就不想离开的地方，她的美不仅在于钟灵毓秀的自然景色，还在于灿若星河的历史人文。她厚积千年的文化温度，透射出传统文化的澎湃力量，展现着历久弥新的人文魅力。毛主席诗云：“万类霜天竞自由。”用“竞”来形容涞源的文化是最恰如其分的。“竞”是涞源兼容并蓄的文化气度，象征着开放包容的胸怀、积极向上的态度、坚强不屈的勇气和健康生活的智慧。

千百年来，人们在这块温暖的土地上繁衍生息，创造了历史文化之美、田园牧歌之美、民风民俗之美、山野饮食之美，让各种美竞相绽放，彰显出“各美其美、美美与共”的哲学内涵。底蕴深厚的乡土文化，是涞源人健康长寿的密码；传承了千年的日出而作，日落而息的生活方式，涵养了人们平实质朴、向上向善的生活心态。

一，历史的回眸

一个理想的特色小镇，应该是让人念念不忘的。这种念念不忘不仅源自外观的华丽壮美，更源自深层的文化内涵。白墙黛瓦每个小镇都造得出，但独特的文化印记却是无法复制的专属品。华中小镇在建设中不仅依托涞源和谐宜居的自然环境，还深挖当地散发着浓浓历史气息的传统文化，守住文化灵魂，擦亮文化底色。

涞源历经沧桑，几度轮回，几度辉煌。不知从什么时候开始，想起涞源就想起“古老”一词。五千年的风雨岁月铸就了涞源悠久深厚的文化底蕴。精灵美丽的飞狐仙子，气势磅礴的长城巨龙，浑厚悠远的古刹钟声，机智勇敢的抗战小英雄王二小……这一切不仅交织成了涞源的文化积淀，验证了五千年的历史沧桑，更给小城涞源增添了几多悠久的历史魅力。

历史的年轮

涞源，一座名副其实的千年古城，在这片苍老的大地上，延续着“龙脉之源”的帝王之气，流传着美丽动人的飞狐传说，激荡着狼烟烽火中的忠肝义胆。历史的年轮转过一圈又一圈，为这里增添了神秘与厚重。

“龙脉之源”古老传说

相传在远古的尧帝时期，突发大水，尧帝派治水能臣鲧伯去治水。鲧伯经过多方了解盘查，发现天下的水都是从中国的地脉中心——北海泉冒出。北海泉正在涞源县的[illegible]心上，从地图上看，涞源县形同神龟，自设县以来，区域基本稳定，也被认为是北方玄武的显应。于是鲧伯从北海泉周边垒土积石进行挡水，一条条垒起的大堤坝，就成了后来的太行山、恒山和燕山。然北海泉水势过盛，三座山脉也围合不住，鲧伯便去向西王母求借一种叫息壤的宝土，这种土能随着水往上长。随着息壤用尽，水还在不断上涨，泉眼仍是堵不住。紧急关头鲧伯想起了西王母叮嘱他的话：“天发大水灾，下土填北海，归水置有序，一世基业开。”

原来这是一首藏头诗，意为“天下归一”，鲧伯默念了几遍，自己化为了息壤，那北海泉的水流才慢慢地变小了，天下逐渐安定。

后来鲧伯的儿子大禹受命于舜帝，治理洪水。据古书《竹书纪年》记载，大禹治水时得到了两部上古奇书——《河图》与《洛书》。大禹从中看懂了九州的山川地形和治水需要注意的事项。他吸取了鲧伯治水的经验教训，改进了治水方法，主要采用疏导的方式，让北海泉的水往外流，这股水就是现在拒马河的主要组成部分。随着积下的水流走，北海泉周围形成了平坦的山间盆地，就是现在涞源县一带。涞源县这一带的土壤因为是息壤变的，是天下土地的精华，所以这里基本上风调雨顺，很少有水旱雹雪灾害。大禹继帝位后，又传位给儿子启，启建立了夏朝。能称王称帝的人都是祖上占据着龙脉之地，从根上说，涞源这一带就是中国的“龙脉之源”。

在涞源民间的传说中，这里的每一条河水、每一座山脉均被认为是龙脉。因为后来中国出现的很多开国皇帝，都与太行山、恒山、燕山三条山脉有着一定的渊源，而这三条山脉都起源于涞源，交汇于涞源。所以，涞源“龙脉之源”的传说，一直流传至今。

精灵美丽飞狐仙子

涞源从西汉开始被封为县治，初名“广昌”，从隋仁寿元年（601 年）开始改名为“飞狐”，一直到明初，涞源以飞狐作为县名的历史长达 760 多年。涞源为什么会以飞狐作为县名呢？《中华山水掌故辞典》“王霸治道”词条载：“涞源县东北有野狐山，故世相传，山有野狐食五粒松子而仙，因称飞狐山。”《广昌县志》载：“县东北十里野狐山，相传有狐食松子成仙飞去。近山人常夜闻狐鸣，县之旧名以此。”成仙要吸收天地精华，对环境要求高，可见涞源自古便是远离世俗的灵秀之地。

古老的传说始于商末，在涞源一处寂静空灵的深山中，野花漫道，松柏参天，山下有一潭池水，碧绿澄澈，鱼翔浅底，鸟鸣丛林，呈现出一派秀丽风光。在这座山上居住着一群狐狸，它们自由自在，富有灵性。每到晚上，从远处眺望，它们星罗棋布，呈现出团团亮光，飞绕在丛林之间。其中有一只千年老狐吃了万年的松子，得日月精华，修炼成仙。

自然中生长的精灵，总是带着一种纯真与善良，看到受苦受难的百姓，狐仙总是怀着悲天悯人之心，用自身修炼的仙术，救人于危难之中。初时老百姓对狐仙惧怕居多，后来发现狐仙非但不会伤人，还经常变幻为妙龄少女、老妪、老翁三种形象，在他们遇到灾难时现身。久而久之，百姓心中愈加崇拜飞狐仙，感念飞狐仙的帮助，为其修建了庙宇，祈求庇护。飞狐庙里，中间的主像是一位身着大红斗篷的妙龄少女，左侧为一老翁，右侧为一老妪。因为有了飞狐的传说，所以商周时期人们在飞狐山下修建了飞狐城，现存于商城遗址（甲村遗址），为省级重点文物保护单位。

对神秘力量畏惧、依赖的心理情感，催生了古代人们的原始崇拜。涞源先民对飞狐仙的依赖便是早期动物神崇拜的一种表现。飞狐之于涞源是相当重要的，其在古代甚至可以说是涞源人心目中的图腾，是涞源人民为自己造出的保护神，是善良正义的化身。“千年灵狐食五粒松子羽化成仙”的故事美妙而生动，显示了古人非凡的想象力，传达了古人空灵飘逸、向往美好的审美意趣。

金戈铁马宋辽之战

涞源是个近塞边城，是飞狐古道上一颗闪烁的明珠，也是长城边塞上的倚重之地，在中国古代的民族战争中、民族融合中扮演着重要角色。在漫漫历史长河中，这里曾经是宋辽大战的古战场，流传着众多荡气回肠、扣人心弦的传说，上演了太多繁荣与衰败的历史剧。

奔腾不息、浩浩荡荡的拒马河，仿佛将人们带回到千年前“三关平行势逶迤，落日连城鼓角多”的宋辽对峙场面。辽朝对中原的富足虎视眈眈，战争一触即发。宋大将杨延昭率兵在拒马河畔迎战辽军，熊熊战火下映衬着一张张视死如归、忠肝义胆的年轻脸庞。一声令下，杀伐之声响起，苍茫大地染上了血与火的悲壮。据说古时六郎星乃是主将之星，辽人把杨延昭当成了天上的星宿，称其“六郎”表达出敬畏之意。

出于对杨家将的崇敬，涞源的许多地名、村名都与杨家将有关，许多村名的由来都有一段生动的故事。相传，杨六郎曾统帅兵马在水大流急的拒马河与辽兵大战七天七夜，全军将士浴血奋战、奋勇杀敌，最终将辽军击退。当时正值盛夏，烈日当空，人困马乏，杨六郎令兵马在付家庄休整，不料这里十分缺水，难解燃眉之急。正在这时，杨六郎的坐骑“白龙马”不知为什么，仰天长啸一声，然后用蹄子猛刨一块石头。一会儿，石头裂开并从中流出一股清泉，全军将士得救了，“白龙马”却因劳累过度躺倒，再也没有起来。人们为了纪念“白龙马”的忠义，就管这股清泉叫“马刨泉”。士兵所驻扎的村庄也改名为“马刨泉村”，后来为了叫着方便，改为“马跑泉村”。

长城的沉思

长城，是古代匠人以砖石为墨，勾勒出气壮山河的鸿篇巨制，搭建起保家卫国的坚实屏障。它从沧桑中走来，古朴的关隘、城墙、烽火台，没有人工的刻意修饰，在岁月风雨的自然侵蚀下，积淀着历史的厚重和文明的记忆。

中国历史上曾三次大规模修筑长城，第一次是秦始皇时期，第二次是汉武帝时期，第三次是明代。明长城建筑规制更高，开创了砖石结构和土木结构相结合的筑城先河。中国各时期的长城均在涞源大地上留下了浓重的印记。秦汉时期修建的长城，因年代久远，多数已经坍塌，但城墙的遗迹依存。现今涞源境内的长城，多为明代万历年间修建的内长城，与八达岭长城属同时代修筑，历经 400 多年的风霜雨雪，绝大部分保存良好，巍然屹立于崇山峻岭之上，跌宕起伏，气势磅礴。

涞源明长城规模宏大，从县域东北的苦壮石入境，自西南狼牙口出境，总长度达 116 公里。乌龙沟段、白石山段是涞源长城的精华地段，完好率达 68.7％，称得上“万历原貌，威武雄关”。古长城顺山势修建，高大的墙体恰到好处地卡住了进入平原的通道；一座座鼓楼占位合理，各有特点，相互呼应，大有“一夫当关，万夫莫行”之势。清朝诗人屈大均曾在《广昌》诗中写道：“长城带天末，古戍接云中。马踏三秋雪，鹰吟万里风。”走进涞源那古旧朴拙、原汁原味的明长城，观摩那残缺的垛口、巍峨的风火台，仿佛能触摸到历史的凝重和曾经的金戈铁马，听到那久远的历史回声。

华中小镇，拥有着最美的观山、观长城的距离，在这里穿越浩渺的历史烟云，邂逅横亘古今的雄奇伟岸。从小镇远眺东南方向的白石奇峰，可以看到明长城沉睡在崇山峻岭的怀抱中，半隐在流云幻雾之间，萋萋芳草把山岩、墙基、城砖统统映成绿色。这绿色到处浸润扩展，大有吞并寰宇之势。历史与自然铺陈的绝美画卷，令人叹为观止。

古建遗风

在源远流长的中华文化长河中，古建筑如同一颗颗璀璨的珍珠，经过岁月的洗礼，成为历史的见证者。古建筑也是人文景观的重要组成部分，反映了一座城市的文化底蕴和历史气息。

千年古刹——阁院寺

历史上涞源境内佛、道、儒共存。佛教于盛唐时传入，元、明、清时香火最鼎盛。佛教在历史的长河中，与涞源民风交汇融合，反映在建筑上，形成了独特的建筑风格，也蕴含了一种独特的文化意蕴。

阁院寺俗称“大寺”，位于涞源县城内西北隅，初为文殊菩萨的道场，是一处历史悠久的佛教圣地。始建于辽，又历经金、元、明、清时代，经千年风尘仍完好地保留了历史原貌，是全国重点文物保护单位。寺内古松苍翠，殿宇错落，现存建筑有天王殿、文殊殿和藏经楼，坐落在一条从南到北的中轴线上。中轴线两侧还有东、西配殿和禅房等附属建筑。文殊殿建于辽应历十六年（966 年），历史价值、科学价值、艺术价值极高，古朴中透着庄重，颇具汉唐遗风。它能够代表中华民族在辽代初期时的文明程度，是全国存有极少数的保持原始风格的千年古建筑之一，依然保持着宋辽时期木结构原状，就连梁架斗栱上的彩绘也依然光彩夺目。

寺内大钟是辽天庆四年（1114 年）铸造的，是我国有文字记载以来保存最长久的第一大钟，钟上还刻有梵文 55 个字，更增加了它的神秘色彩。它是阁院寺三孤之一，音质极好，“浑浑然有太古之韵”，声传方圆 30 里，宛如天籁之音。

阁院寺建筑精美、壮丽，不仅具有佛教的特征，还体现出中国古代传统建筑的特色，是中华文化宝藏的一部分。阁院寺的建筑之美展示出文化与自然所赋予的和谐统一、天人合一的宁静与悠远。

国之瑰宝——兴文塔

唐天宝年间，拒马河源头水势汹涌，河渠两岸长满茂盛的芦苇。在距离源头 2.5 公里的泉坊村，一座座巨大的水碾咔咔作响，一刻不停地碾压着矿石。岸上一排排小高炉喷吐着冲天的火焰，一群壮汉正端着盛满铜水的柳木大勺，专注地把炽热的铜水倒入模具。这是发生在唐天宝三载（744 年）的真实一幕，这群工匠正在热火朝天地为皇家铸钱。

涞源由于盛产铜矿，所以从汉高祖时开始为皇家铸钱，浮图峪到银坊一带的山里，采矿的铁锤声从未停歇过，泉坊一带炼铜炉子的火焰从未熄灭过。日夜辛劳的工匠们发现，他们的汗水变成了成山的钱币，换来了皇朝的繁盛，但他们自己日复一日、年复一年的辛苦劳作，换来的仍是食不果腹、朝不保夕。他们终于明白了，在那个“学而优则仕”的年代，唯有振兴一方文化，让子孙们读书、及第，才能出人头地，改变命运。于是他们做了一个大胆的决定——捐资修塔，并请来方士，把目光聚焦在拒马河源头北侧的高地上。一年之后，一座七层八角五级楼阁式的实心砖塔拔地而起，他们给塔起了一个很时兴的名字——“兴文塔”。之后，佛家在塔东北修建了千佛寺，道家于塔西侧建造了泰山宫。

古人把塔建在拒马河源头，主要有三个作用。第一是要振兴一方文化，这是修塔的主要动因。第二是求得阴阳平衡。古人很讲究风水，由于水主阴，而塔主阳，过去这里遍布泉塘沼泽，阴气较盛，塔的修建自然起到了平衡阴阳的作用，可以守护一方平安。第三则是留住一方财源。按中国的传统文化，水主财，泉主钱。在汩汩喷涌的泉水上建造高塔，从形式上起到了守住财源的作用，表达了一方百姓的人文愿望。

兴文塔并没有实现工匠们的美好愿望，也没有改变他们的命运，却成了涞源标志性的建筑，历经风雨，见证了涞源千年的沧桑变迁。兴文塔由须弥座、塔身、塔刹三部分组成。修缮后重新测量，通高 27 米，外观雕栏刻画，盛时华丽可见一斑。经专家考证，此塔结构式样体现了辽代建筑风格，具有较高的建筑学、史学价值。

红色的记忆

红色文化，蕴含着丰富的革命精神和厚重的文化内涵，是中华民族近代以来宝贵的历史遗产和精神财富。涞源是革命老区，红色文化底蕴深厚。在这块英雄的土地上曾发生过许多波澜壮阔的著名战役，涌现出了一批批英雄模范人物，留下了许多可歌可泣的战斗故事，也留下了许多珍贵的革命历史遗迹。到涞源感悟红色文化，感悟英雄情怀，是对心灵的莫大洗礼。

涞源是八路军一一五师北上抗日，开辟晋察冀边区根据地时解放的第一座县城。之后八路军三进三出涞源，涞源两获“对敌斗争模范县”的荣誉。在抗日战争时期，这里经历了许多战役，如打响了华北抗战第一枪的驿马岭阻击战，击毙日本“名将之花”阿部规秀的黄土岭战役，百团大战中的东团堡攻坚战等。英勇的涞源人民，积极投身民族解放斗争，前仆后继，浴血奋战，在大大小小数百场战斗中，没有一次失败，涞源也因此被誉为“没有失败过的土地”。

“牛儿还在山坡吃草，放牛的却不知道哪儿去了……”这首耳熟能详的《歌唱二小放牛郎》，自 20 世纪 40 年代以来，唱响了大江南北，激励了一代又一代中国人。歌中的主人公——英雄少年王二小，就出生于涞源县的上庄村。抗日战争时期，王二小的家乡是八路军的抗日根据地，经常受到日军的“扫荡”。王二小是儿童团员，他常常一边在山坡上放牛，一边给八路军放哨。1941 年的一天，日军又来“扫荡”，走到山口时迷了路。敌人看见王二小在山坡上放牛，便叫他带路。王二小装着听话的样子走在前面，为了保护转移的乡亲，把敌人带进了八路军的埋伏圈，大喊：“八路军叔叔快开枪！”敌人知道上了当，气急败坏之下，用刺刀刺死了王二小。与此同时，八路军猛烈地向日军进行射击，消灭了全部敌人。王二小用生命换来了八路军的胜利和乡民的安全。“秋风吹遍了每个村庄，它把这动人的故事传扬，每一个老乡都含着眼泪，歌唱着二小放牛郎。”至今，这首歌曲还会不断在人们耳边回响，英雄王二小的名字镌刻在每个中国人心里，人们永世难忘。

二，乡土的守望

涞源的乡土人文在时间的长河中缓缓积淀，建立在农耕文明与游牧文明双重文明基础上，因独特的地理环境和多民族文化交流而形成一种交汇型的发展态势。它既有农耕的沉稳与踏实，又有游牧的活络与奔放，天生带有东方古国的传统文化色彩，以“仁”“德”“和”为立足之本。厚重的土地上凝成了“树高千尺、叶落归根”的文化血脉，形成了夕阳西下的乡情、守拙田园的闲适、民风民俗的淳朴、健康生活的从容……

乡情萦绕的田园牧歌

“采菊东篱下，悠然见南山。”陶渊明笔下悠然自得、闲适淡泊的田园生活，仿佛与我们渐行渐远。久在樊笼里的我们，被各种繁杂的事务所累，被铺天盖地的信息所裹挟，离自然天地越来越远，心也变得越来越麻木。我们每个人都期盼一段短暂的隐遁时光，慢下步调，回归田园，探寻生活本真的意义。

时光仿佛在涞源按下了暂停键，由于长时期的封闭，涞源保存了古老的村落和古朴的民风，行走在涞源这片土地上，仿佛穿越到一个交错的时空。千百年来，人们固守着春耕、夏耘、秋收、冬藏的自然规律，顺应二十四节气变化，调整饮食，从事农业活动。人们与土地有着深深的羁绊，晨兴而起，荷锄而归，看炊烟袅袅，听鸡犬相闻，生活总是泛着些朴实无华的诗意。在这里，田园牧歌不再是遥不可及的梦想，而是已经延续千年的生活方式；在这里，你可以卸下满身的疲惫，倚山而居，拥林而眠，枕水而生，观星而醉，让心灵好好放个假。

当然，真正的田园生活并不是单纯地从城市回到乡土，更多的是享受一种去掉浮华后的健康生活，细微到所吃的每一粒谷物、每一棵蔬菜都安全和营养。闲暇之余，不若去探访一下涞源的古村落，那里的老人会告诉你健康长寿的奥秘。

涞源流传着一句话：“鱼生火，肉生痰，豆腐青菜保平安。”山里老人的饮食习惯以素为主，很少吃大鱼大肉，每天早上一碗香喷喷的小米粥是必不可少的，吃的蔬果都是自家园子里现摘的，绝对的新鲜绿色原生态。一些老人还特别喜欢到山间挖野菜包饺子吃。老人们整日闲不住，每天都要去田间务农，浇浇水、除除草。最惬意的是午后时光，几个人围坐在树荫下，喝着用山泉水泡的自家绿茶，闲话家常，爽爽的笑声让树影摇曳生姿。家人之间、邻里之间相处和谐，气氛融洽；村民们团结互助，尊老爱幼，尤其对老人爱护有加，侍奉周到。人们生活在浓郁的乡情之中，喜乐平和，美满自足。回归自然，简单朴素的生活才是最快乐的，因为懂得养生的人，不会追求物欲的享受。涞源人的健康长寿之道，隐藏在质朴的粗茶淡饭中，隐藏在乐观向上的人生态度中，隐藏在辛勤耕耘的田间劳作中，隐藏在守望相助的淳朴民风中，这也是田园赋予人们的返璞归真、化繁为简的生活本真。

人本是自然之子，从来不缺少对田园的向往，即使在高歌猛进的城市化进程之中，仍想方设法保留下自己属于自然的那一面。华中小镇让每一个田园梦都有处可依，依托于采薇园、花海、牡丹园等丰富业态，打造完整的、全域的、丰富的、体验性的田园文化体系。人们可以在包容一切、接纳一切的采薇田园，放下负累和戒备，用心去感知晨昏交替、四季更迭的神奇景象。

大山深处的古朴

民以食为天，食物带给我们的不仅是味觉上的享受，更是精神上的慰藉。一道道食物从原材料到可以入口，不仅是大自然的赐予，还饱含着人类的智慧。中医学认为“药食同源”，一日三餐合理的营养搭配具有养生灵、治未病的效果。涞源人自耕蔬果，把四季装进碗里，执着生活，不敷衍一餐一食。他们创造的美食和这方土地的性格一样，乍一看很粗犷，不太注重摆盘和装饰，但这并不影响其营养与口感。山野间的天然原料和独特的烹饪技术，使得这里的菜肴保留了原始古朴的味道。厚实的味道烙印在涞源斑驳的岁月里，顽强的味觉记忆，召唤人们一路追随。

据统计，涞源小吃的品种在河北省是数一数二的，达上百种。在涞源，烫一壶地道的枣杠子酒，吃一碗外酥里嫩的油炸糕，尝一口鲜嫩顺滑的涞源豆腐，品一品嫩滑筋道的莜面卷，是一种绝妙的享受，对于久居城市的“城里人”来说，这才叫回归自然、返璞归真。

丰富多样的黏糕系列

涞源的黄土地、沙土地和冷凉的气候很适宜黍子生长，黍子打出的米粒大而金黄，称为“黄米”。这种米非常黏，涞源人民以黄米为原料，粗粮细做，发明制作出了很多美味可口的黏糕食品。“毛糕”的做法最为简单，把刚成熟的黍子趁湿连皮磨成面，蒸出来的黏糕带有新粮特有的香味。“油炸糕”的做法则很有讲究，以白糕为皮，搭配丰富的馅料，为了加以区分，被包成不同形状，再经过恰到好处的油炸，外表酥酥脆脆，内里绵软可口，令人垂涎。“枣云糕”状如云朵，外焦里嫩，甜而不腻，将红枣煮软去核，均匀摊布在糕饼上，然后卷成卷，再切成片，过油炸透即成。

高原美食莜麦面

涞源县城以北地区海拔较高，有种植莜麦的习惯，所以涞源人对莜麦面的喜爱就像平原地区的人们喜爱吃馒头、吃饺子一样。莜面卷是莜麦面最常见的吃法之一，制作过程十分有趣。将莜面粉用开水和成面团，然后揪下饺子剂大小的一块面，放在汉白玉或大理石制作的光滑的石砖上，搓成薄片再卷成卷，把搓成的面卷挨个儿码到笼屉里，再上锅蒸熟，蘸上卤汁就可以吃了。不同的地方卤的做法有所不同，在涞源一般有山蘑肉丝卤、鸡蛋西红柿卤、土豆条豆腐卤等。值得一提的是，莜麦面蛋白质含量高，淀粉含量低，是健康的低糖食物，非常适合患糖尿病、心脑血管病的人食用。

风味独特的涞源煎饼

煎饼是我国民间由来已久的风味小吃，基本上全国各地都能找到，不过每个区域的特色各有不同。涞源煎饼的独特之处在于用料。民间常说，涞源煎饼是三米饼，主料采用玉米、小米和黄豆三种粗粮，更为营养健康。有时为了煎饼更加筋道，还会添加一点小麦。制作过程中撒上适量葱、姜、蒜作为辅料，口感会更加丰富。涞源煎饼有“四绝”，一是大，涞源的煎饼铛最大直径可达一米多，一般也不少于二尺；二是极薄，毫不夸张地讲，每张煎饼都薄如纸；三是色泽金黄，令人食欲大动；四是筋道，每张煎饼均可以提溜起来，感觉如绸。概括起来讲就是“大如盖、薄如纸、色如金、滑如绸”。

鲜嫩诱人的涞源豆腐

涞源豆腐口感微酸，十分鲜嫩，做法也与别地不同。涞源点豆腐用的既不是卤水，也不是石膏，而是酸浆，又叫“酸汤”，是把压豆腐沥下去的浆水，放入缸中进行发酵制作而成的。点时要用小勺一勺勺点，边点边用筷子搅拌成云絮状、块状。以点三次为宜，搅拌至清澈、透明、微黄。豆腐做好之后，为了保持鲜嫩口感，必须置于水桶或大盆之中，用清水泡着，阻断与空气的接触。涞源豆腐既可以拌着吃，也可以炒着吃、煮着吃、炸着吃，作为传统的绿色健康食品，日益受到人们的喜爱。

天下闻名的涞源小米

小米乃五谷之首，既养先天之本——脾胃，又养后天之本——肾脏，成为养生保健之佳品。而山城涞源产的小米更是品质上乘，不可多得。用小米熬粥营养丰富，有“代参汤”之美称。据史料记载，明代初年永乐大帝朱棣屯兵涞源，吃到涞源小米后大加称赞。自此，涞源小米被列为朝廷贡米，代代相传。涞源小米每天享受着太行山天然泉水的滋润和充足的光照，米粒金黄，煮食留香，鲜黏绵甜，温润滋养。

神奇的中草药材

在涞源充满灵气的大山里，一草一木都有着神奇的功效。涞源药材种类多，质量上乘，年总产量达500多万公斤，居河北省首位。历史上有“南药北药”之说，南指安国，北指涞源。白石山、横岭子是药材的主要产地。畅销的药材有150多种，如黑柴胡、防风、桔梗、串地龙、玉竹、黄芩、金银花等。同一种药材，在不同季节采摘，药效亦有强弱，这是本草与时间的秘密。所以，把握住草药采摘的时机，是涞源山民们绝不敢怠慢的事情。夏季清晨总会有山民们身负“十五斤”（七斤篓八斤镢），成群结队上山采药的身影。

纯天然的山珍野味

丰富的山珍野味是大自然的慷慨馈赠。涞源海拔高，日照强，昼夜温差大，山珍野味更是种类繁多，自古就有“大八珍”和“小八珍”的说法。大八珍是指蕨菜、黑木耳、山蘑菇、黄花、升麻、沙棘、猕猴桃、榛子；小八珍是指苦菜、山韭菜、山蕨葱、木拉芽、石花菜、地皮菜、代穗菜、苍术菜。勤劳智慧的涞源人，在漫长岁月中，寻获与自然的相处之道，在精心烹煮中，保留山珍野味最原始的味道。

多姿多彩的民俗风情

广袤的土地和悠久的历史孕育了涞源绚丽多彩的民俗文化和民间艺术。

这些从人们生活中诞生的民俗文化，根植于温暖的山野乡土，联通着昨日与今天，以独特的魅力感染着人的精神世界，让人的心灵在淳朴的民俗风情中富足安稳。

涞源梆子・古韵乡音

涞源梆子是流行于涞源境内的一种传统剧种，已有 100 多年的历史，是保定市非物质文化遗产项目。一腔一调道出人间百态，一招一式唱出千古兴衰。它既保留了河北梆子高亢嘹亮、激越铿锵、雄浑抒情的唱腔风格，又具有山西梆子委婉、细腻、情感丰富的特点，并带有涞源方言丰富灵活、幽默夸张的地方特色，乡土气息浓郁。“九呦十八唉”更是其中最具特色的腔调，让涞源人一听便知是家乡戏。

从唱戏的时机上说，有秋报戏、祈雨戏、年戏、庙会戏等，不同的节令唱不同的剧目。剧目既有大本戏也有小本戏，大本戏以历史演义和侠义公案为主，小本戏多以当地乡土风情为素材，反映劳动人民的生活。一方幕布，几条长凳，就构成了梨园戏曲天地；锣鼓响起，唱念做打，嬉笑怒骂尽在其中。百年来涞源梆子活跃了涞源的文化，也为山区百姓提供着精神食粮。

涞源剪纸·精巧绚丽

涞源剪纸是民间艺术的产物，更是百姓生活的写照。涞源剪纸从清朝乾隆年间兴起，距今有200多年的历史，与河北蔚县的剪纸风格相近，但各有功夫，同属于北方地区的剪纸艺术流派。

涞源剪纸是“用刀刻出来的画”，以薄薄的宣纸为原料，用小巧锐利的雕刀手工刻制，层层叠加，再点染明快绚丽的色彩而成，构图朴实饱满，造型生动逼真，色彩对比强烈，带有浓郁的乡土气息。涞源剪纸题材丰富多样，花鸟鱼虫占比较大，也有田舍小景，常将鸳鸯、喜鹊、莲花、牡丹等具有代表意义的动植物灵活组合，充满田园趣味。此外，戏曲人物也是浓墨重彩的一笔，千百种人物，形态各异，栩栩如生，传神而不雷同。

在最隆重、最热闹的春节，涞源家家户户窗户上都要贴窗花。五彩斑斓的剪纸，不但增添了喜气洋洋的年味儿，还寄托了幸福生活的希冀。现今，在涞源许多普通的农户家庭中，经常能看到祖孙三代女性围坐一处，剪出她们钟爱的戏曲人物、熟悉的花草树木，以及她们能想到的远方的梦。

涞源花会·民间乐子

民间花会源远流长，早自汉代就有了，那时称作“百戏”，宋、元时称“社火”。涞源的花会十分热闹，每年冬闲季节，特别是腊月，各村的花会便集中训练彩排，正月十五全部聚集到县城会演，一般沿主要街道周游一圈。届时，扭秧歌的、跑旱船的、舞龙舞狮的、踩高跷的，五花八门。各色花会一字排成几里长的队伍，花花绿绿、千姿百态，像流动的彩带、欢乐的海洋，不论是舞的、跳的、闹的，还是看的、玩的、转的，都融入浓厚的喜庆气氛之中。

白天的花会刚刚结束，晚上的灯会便开始了。拒马河源头一般会有两种活动，一种是灯会，另一种是放河灯。正月十五晚上，各色花灯点亮山城涞源的夜空，流光溢彩，浪漫唯美。树上挂满各式的灯谜，热闹中弥漫着情趣，游戏间渗透着文化，可谓情景交融。最好看的当数放河灯，各色河灯点亮之后被放入北海泉的泉池之中，像一艘艘满载星辉的小船随风漂动，慢慢漂向出水口，然后随波逐流，在岸边串串灯火的映衬下，更显得美妙绝伦。人们放了河灯，也随波放飞了梦想，放飞了心情。

在涞源这片承载着地理之大美、乡土之大美的土地上，华中集团倾其力量，聚其智慧，开垦涞源，建设涞源，美化涞源，让一座世界级的康养小镇脱颖而出。

赵建棠先生说："华中小镇的建设，正是要把财富回归自然，回归原乡，让其更好地承载千年的涞源风土人情，让山更绿、水更净、天更蓝、泉更暖、花更美，宛如楚楚西子，笑迎天下志士仁人，让中国人圆了回归原乡之梦，让心灵返璞归真。"

第三章

汉唐雄风 盛世华章

建筑文化篇

JIANZHU WENHUA

清风常拂其体，
彩云常伴其间，
若隐若现，
宛若仙境。

优秀的中华建筑文化，浩如烟海，气度非凡，堪称世界建筑史上一颗耀眼的明珠。在涞源这片神奇的土地上，中华民族的建筑文明，得到了最优秀的传承。

关于“纣王建摘星宫”的传说，在涞源确有历史渊源。1980 年，河北省文物普查大队根据考古资料记载，在涞源境内发现大型古代遗址，经鉴定为商周交替时期一座古聚落群，规模庞大，推定为史书记载之“纣王城城址”，即“飞狐城”。同时，前章讲到的辽代阁院寺，是中国现存屈指可数的超过千年的土木结构建筑，它的减柱造、斗拱、窗棂、壁画、外沿彩绘，及殿内原来的肉身像和院子东南角的古钟，堪称“七绝”，代表了中国宋辽时期的建筑成就。

无论是纣王宫，还是阁院寺，都是先人留下的民族瑰宝。中国人的智慧与审美，从当初那一砖、一瓦、一块木头的搭建时刻起，就已深深融入了骨髓。它们彰显了这片土地上深厚的文化与乡情，凝聚着强大的生命基因，展现着涞源人民自强不息的精神与厚德载物的气量。

一、小镇之建筑文化风骨

品味·汉唐的朝晖

华中小镇颂

赵建棠

雨后斜阳紫气升，万千祥云绕汉宫。

玉宇琼楼呈仙境，蓬莱再现小镇中。

匠心所致感天地，华中儿女建奇功。

六大产业齐发力，八方英才促振兴。

赵建棠先生挥笔写下的这首诗歌，抒发了华中小镇深厚的家国情怀。深远的天空中，大朵的云团似滚滚海浪奔涌如潮，忽而微风轻拂，四方云幔，如涓涓细流，穿隙而过，一缕夕阳洒金绘彩，如梦如幻，一处“蓬莱”仙岛——华中小镇若隐若现，愈加散发着太行山水之润和中国建筑艺术之美。

建筑之风骨，或有烟水云气之清逸，或有醉揽江山之坦荡，融汇其中的文化符号，凝聚着中华民族五千年流传下来的审美追求。正如汉唐的建筑，雄浑、庄重、质朴、大度，造型豪放朴拙，内饰精雕玉琢，布局大气恢宏，有着傲视天下的气魄。梁思成曾在《中国建筑史》中写道：“在中式建筑整个浩瀚如星河的庞大体系里，没有一座建筑，高于汉唐文明。”汉唐时期，中国建筑艺术、建筑工程技术进入成熟期。汉唐为中国朝代的繁盛时期，疆域广大，物博人杰，万邦朝圣，社会风貌无疑会表现在建筑上。这个时期的建筑表现力十分丰富，宏伟但不张扬，大气而不繁复，有气壮山河之势，又融于天地之韵，所谓“唐风汉骨”即指于此。汉唐时期的中国建筑奠定了中国传统建筑的根基，形成了中国建筑独树一帜的风格，为当代中式建筑开创了范例，一直影响至今。

华中小镇传承中国汉唐建筑之精华，以人文情怀的风行手笔打造建筑，注重空间规划。单体建筑外观线条洗练，沉稳内敛，颜色稳重，雅致大方，白墙黛瓦，高低错落。一白一黑，一虚一实，无画而成妙境，无声亦胜有声。

传承·时代的匠人

设计感也许是一座建筑的核心，而建筑的真正灵魂，却是看不到的处处匠心。

——贝聿铭

有匠心，才有精品。作为小镇总设计师，赵建棠先生将全部精力倾注于中国建筑文化研究。他怀着“敬天爱人”的精神，怀着对中国文化的崇敬，40年前就走遍世界多个国家传播中国古建文化。北京的明苑宾馆，中山公园的“惠芳园”“杏花村”及“杏花村”里的“来今雨轩”，北京的台湾饭店，北京的世界公园内莫斯科红场、圣瓦西里大教堂、美国科罗拉多大峡谷景观等均为赵建棠先生及其团队承建，早已成为名扬天下的建筑精品。

赵建棠先生低调内敛、博古通今，结合当今时代特点和项目地域特色，创造性地提出“以礼为先、以人为本、天人合一、融汇古今”的设计思想，以海纳百川的文化手笔，让东方美学、中式风骨与当代生活融会贯通，每一种设计理念，每一处建筑细节，用心追求极致，让华中小镇呈现出“最中国”的深远意境。

在他看来，中国的建筑既要融入天地之间，又要有气壮山河的气势。

而日本的建筑更强调完全融入天地之间，不突出建筑自身的特色；欧洲的一些现代派又太强调存在感，做出了一些目无环境的建筑。人文艺术与自然艺术应该是共生的，相映生辉。中国的文化纳世界之大同，基于不同的文化基因，因此中国建筑更有气势。中华民族五千年历史传承，东方文化在世界文化中独树一帜，这是民族自立的根基，是一种精神内涵。这种精神内涵支撑我们中华民族五千年文脉的延续和传承。

优秀的建筑设计师，是由时代造就的。赵建棠先生认为，华中小镇绝不是由纯粹的传统元素堆砌而成的，而是设计师通过对传统文化的认知，将现代元素与传统元素结合在一起，在使用传统建筑工艺时，不拘泥于形式，古今结合，古为今用，追求神与形的融合，以现代人的审美需求来打造富有传统韵味的建筑，其让传统艺术在当今社会得到合适的体现。

文脉·民族的复兴

华中小镇，承袭汉唐文脉，匠心营造数平方公里的美好生活范本，是中国少有的一座大型汉唐风韵康养小镇。

置于历史传承的大背景下，感悟小镇建筑，能够寻得其独特的美学魅力。

其建筑精神可以归纳为豪放朴拙、恢宏汉风、大唐气韵、承接文脉，体现了中国文化的精髓，反映了新时代中国人的追求与气质。

小镇临山而建，小镇内的建筑鳞次栉比。规模宏大的汉唐建筑群，从盆地中央延伸至山脚下，生长于浓郁的田园与山林之中，安静而壮丽。从建筑格调来说，小镇大气、精致，既蕴含着审美意趣，又表达着伦理规范，被社会名流称赞为“当今之杰作，传世之佳作”。

中国建筑文化强调“天人合一”。华中小镇建筑的价值，在于承载了中华数千年的历史文化，凝聚了中国历代工匠的聪明智慧，体现了中国兴盛时期的人文特色。秉承“以礼为先”的建筑哲学，小镇追求建筑上的对称，布局上讲求韵律变化而富有灵动。整个建筑群轴线清晰，主次分明，高低错落，具有大气而富于变化的轮廓，且每个建筑的命名都来自于国学文化的典故。鼎泰宫坐镇中心，雪霁堂、百渡食府分列左右，白石山居、贵宾楼、竹里馆环抱其后，白桦林温泉谷、蓝鲸馆休闲运动中心巍然屹立，诗意的采薇园、房车营地与花海镶嵌于田园大地。此外，小镇还布局“取山川之形，向生命致敬”的生命健康礼堂，充分体现了中国古典建筑轴线文化，将重要的建筑设于中轴之上，两侧建筑逐层依次展开，营造出富有秩序的空间格局。品味小镇建筑，雍容的气度，严整的布局，淳朴的乡情，体现了“天人合一”的思想，让人们感悟生命的真谛。

小镇内各建筑高低不一，错落有致，各有千秋，景中有苑，苑中有景。

小镇建筑之美，更多地体现在一处处的细节中，匠心独运，浑然天成。白玉阶前，汉璧敬天，铸鼎祈福，泗水明堂，汗马追风，让宏伟的汉唐气魄，不彰自显。神韵的建筑美学，融合古典与现代，交汇清雅与磅礴，凝聚了国人对历史、自然、时空的深邃思考。

中国自古就有“紫气东来兮，驾者风。瑞云绕梁兮，福地生”之说，风水好的地方，自有祥瑞之气。华中小镇主体建筑建成之后，便赢得了社会各界的高度评价，大家称赞小镇的建筑有浩然之气，既宏伟大方，又聚仙逸之气。一位诗人说：“这里有仙风鹤骨之姿，清风常拂其体，彩云常伴其间，若隐若现，宛若仙境。”这充分体现了总设计师对中国文化的深刻理解，对中国风水学的较好利用（科学选址与空间布局），以及对中国建筑艺术的较好发挥（建筑格局与周边自然环境的融合），让小镇建筑融于天地山水之间，呈现天地山水之大美。

负道义，垂华表，转国运，济沧桑，寓九州八极之道。华中小镇透着一种“中国魂”，从中国文化的根本入手，继承中华建筑的美学精神，让优秀的中国建筑文化成为现代生活的延续。相信华中小镇对中华传统文化的弘扬，以及对中国建筑文化的发展将具有重要启示意义。

细节·匠心的神韵

华中小镇，对话传统与现代，追求“天地人和”的空间环境模式，寻找传统文明与现代文明之间的契合点。小镇立面以“汉唐元素 + 现代中式”为设计主旨，结合涞源地质环境、气候特点、山居特色，实现使用功能与审美要求的统一，以内敛沉稳的传统文化为出发点，融入现代设计语言，为现代空间注入唯美的中国古典情韵，既保留传统文化，又体现现代特色。

大国工匠精神始终是小镇建筑之魂。小镇处处真材真料，精心安排，精工细作，发挥传统建筑和中国园林之功，充分体现了中国风、中国情、中国味。

仅以石材为例，华中小镇建设者们跑了 23 个省，一个省一个省地选，从材质到颜色，从纹理到光感，挑了再挑，选了又选。而这些石材，用于不同位置，又需要不同石料，且石料的尺寸大小、雕刻工艺都不相同，这也难倒了不少加工厂家，但认准的目标，只有坚持才能实现。

又如砖瓦，作为中国建筑的主材料，更是不可有丝毫放松。砖瓦虽是泥土所生，烧制而成，但在数千年历史中，品类繁多，延续至今的，也有数百种。用于墙基、墙裙、墙身、屋檐、柱脚、戗檐等位置的砖材，各不相同，各有各的用法，同时还各有各的加工，如粗磨、精磨、丝缝、干摆、起混、素面、浮雕等，如果是外行你注定眼花缭乱。各种屋面瓦，让建设者们跑了 5 个省，找了 20 多个厂家，选了数十种，才算定了下来。华中的求真精神感动了厂家，他们表示："你们是几十年来我们遇到的最较真的客户，我们一定使出手艺，为你们做好。"

在工艺细节处理上，小镇还对建筑檐口、窗口、屋脊等进行精心设计，反复推敲比平、韵律，成功诠释了中国传统艺术风格在现代的传承演绎。

静修·真实的自我

致虚极，守静笃。万物并作，吾以观复。夫物芸芸，各复归其根。归根曰静。

——老子《道德经》

静，是万物之起点，保持一份虚静，才能感悟万物回归本源的过程。当今社会，我们每天在钢筋水泥的城市中紧张忙碌着，每天都被无数嘈杂的声音和疲倦的尘埃紧紧缠绕着，对身心十分不利。唯有心灵的安静，方能铸就人性之美好；唯有静心，才能倾听自己内心真实的声音，感受生活之美好。

一座优秀的建筑，能使心灵保持虚和静的至极笃定状态。华中小镇建筑的美学精神，就是“返本归真，静养身心”。她是一种“静文化”，以一种静态的美呈现在世人面前，却又让人思绪不断，其中积淀的人文内涵会在以后很长的时间内影响世人；她营造的“静”界，将“守一片宁静，净一方心灵”和“回归自然，回归生态”的主题铭刻于人心，让养神、养心、养生相互融合。

小镇有雄浑沉静的气质，让人在其中沉思。它运用了古典的空间序列手法，从形体、开阖、明暗等方面，展现了许多古典传统建筑的特征，并具有幽静感。此外，小镇运用对比鲜明的材料，创造了使人身心沉淀的含蓄“静”界，体现了清淡与单纯的静。

小镇有一处陶冶心灵之所，名曰“静思堂”，游子经过人生旅途的奔波来到这里，可以追思静修，观事观物，观己观心，寄情寓思，享受一段难忘的静时光。

比起繁复的设计，静思堂简单而有质感的室内环境，自然和谐，柔和静美，声不乱耳，色不扰目，更适合凝神静思，给人灵感。这里拥有“天圆地方”的禅意，名为“穿越的长廊”，让居者感悟一种从繁华到静谧的境界轮回。这里还有一座天然雅致的茶室，茶室即是禅室，在空间布局上，体现了对东方文化“留白”与“空寂”的理解。在此间喝茶，无纷乱嘈杂，似一方安静、自然的禅意天地。品茶论道悟人生，读书听禅观世态，这里可以真正地让心静下来。

何为“归宿”？是归乡、归隐、归心，最终为归本，心愉为人之本。静思堂，正是通过打造独有的环境，为人们提供一个可以坐下来静静思考的地方，是一处人生本源的归宿。

二，小镇之空间建筑业态

初见小镇，汉阙荣光

邂逅东方大美，是赵建棠先生赋予华中小镇的建筑灵魂。初见小镇，崇高的建设格局与情怀，丰富的建筑文化语境，如汉赋般恢宏豪放，可以让人感受天、地、人之间的强烈共鸣。

中国著名美学家朱光潜先生说：“美不仅在物，亦不仅在心，它在心与物的关系上面。” 游走于小镇之中，品味华中的建筑语言，可以感受到设计师的出发点和落脚点最终都是生活与人。设计师独特的艺术手法，意在构筑人与建筑的关系、人与自然的关系、人与人的关系、人与自身心灵的关系、人与历史的关系，以相融的方式打造小镇，营造有意境、有温度、有情怀的人文空间，这就是华中小镇的建筑哲学。

汉阙大门是小镇的第一座建筑，它高16米，宽51.8米，由四栋阙楼组成，体量高大，意在重塑大汉盛世的荣光。汉阙，在汉代叫“石阙”，因左右分列，中间形成缺口，故称“阙”。作为一种汉代纪念性建筑，其成对地建在城门或建筑群大门外，以表威仪等第，体现高贵气度，有“石质汉书”之称。

华中小镇以汉阙为始，前照白石主峰，后彰鼎泰琼宫，承前启后，映现伟岸的中华气度。舒展的阙顶结构，大气的阙楼轮廓，青龙、朱雀造型的汉代瓦当纹饰，使整体建筑风格雄浑华丽，刚劲挺拔。阙门以沉稳的建筑手笔，彰显中华文化的包容博大。阙门上方的“白石山温泉度假区”八个大字，俊秀华丽，飘逸洒脱，无不透出汉隶书法之美。小镇汉阙的建筑风骨，将镇定沉着、历久弥新、仪容大方的特质淋漓展现，尽显巍巍大汉的时代气象与精神风貌。

礼璧广场，敬天爱人

迈入汉阙大门，小镇对称的建筑布局和中轴线规制，延续了中国文化次第展开的礼序思想，演绎了恢宏的纵深气度。小镇中轴线，贯穿东方美学历史脉络，在经典与现代之间、典雅与壮阔之间、诗意与厚朴之间，尽显贵胄之仪，让宾客感受“天地人和、物我为一”的人生境界。

礼璧广场，是中轴首端的一座主题景观群。玉璧是中国传统玉礼器，古人以玉璧敬天，象征着心中的美德与精神。华中小镇的汉玉璧，又名“双龙谷纹璧”，由重180吨、体积为40立方米的太行石精心雕琢而成，做工十分精湛。玉璧图案为“双龙戏珠”，承载着三千年文化历史典故，其龙纹雕刻手法极具威严之气，有吉祥尊贵、神龙守护之意，表现出对生命的呵护与对文化的传承。

汉玉璧的建造过程，更体现出一种难能可贵的工匠精神。建造之初，工程单位向赵建棠先生汇报：“我们计划用三块整石拼接打造玉璧，保证做得天衣无缝。”“不行！”赵建棠坚定地说。“那两块整石呢？”“还是不行！必须用一块整石雕凿，这样才能展现最真实的玉璧纹理，更要保证是太行之石，其代表着华中对太行山文脉的尊崇与传承。”

经过多达六次的调整、打样、细节考量和反复推敲，汉玉璧最终呈现出最理想的艺术效果。其展现了“敬天爱人”的思想，在威仪庄重的气质中，与燕赵文化相得益彰。

玉璧脚下的瓦麟砚池景观，意境优美，文脉潺潺，借助入口高差，由瓦片铺砌的浅水池，形似龙鳞，流水时形成波光，无水时也是特色铺装景观，寓意涞源悠久的龙脉文化。

以汉玉璧为中心的广场，周边布局“四神灯柱”。汉代信仰四神与天地万物、阴阳五德关系密切，有护佑四方的神力，以四神瓦当装饰其庙宗，祈望保佑宗庙乃至社稷江山永固。小镇把四神瓦当图案与灯柱结合，用现代手法诠释古典信仰，配以长乐未央的篆书石刻和精美的云纹灯，寄寓了跨越千年的神思与向往。

神威大道，汉唐礼序

神威大道，是通往鼎泰宫的主干道。《论语》有云：“不学礼，无以立。”遵从传统的儒家礼制，神威大道呈现出一份独有的尊贵仪式之感，地面以青色方块镶砌，展现出中国铺装美学；两侧的十二抚琴灯，造型设计舒展自如，汉韵十足，轻巧华丽，堪称中国工艺美术品中的巅峰之作，寓意着吉祥美满，洪福临门。雍容气度彰显尊贵身份，远道而来的宾客，由这里步入鼎泰宫，喻示在此将受到国宾级礼遇。

神威大道还象征着新时代的飞狐古道，不仅承载数千年的飞狐传说与历史沧桑，更代表京西涞源的未来，预示着开启一条走向昌盛、追求美好生活的理想之路。

泗水明堂，天圆地方

登上台阶，泗水明堂位于鼎泰宫门前，家国之礼，御鉴天下，展现着恢宏神圣与壮丽威严的仪式感。

古代的明堂辟雍，符合《周礼》明堂位于“国之阳”的规定，是中国最高等级的皇家礼制建筑之一。明堂是帝王颁布政令、接受朝觐和祭祀天地诸神以及祖先的场所。辟雍即明堂外面环绕的圆形水沟，环水为雍，圆形像辟，象征王道教化圆满不绝。

小镇泗水明堂，以圆形水面环绕中央平台，周边水系为圆，建筑为方，规矩方圆之至，笔墨之外，别有一种天地人和之趣。明堂引入了明泉活水，为整个广场增添了泉水所特有的温润与灵气，墨石青砖的圆水方台，形成了明堂辟雍的古典建筑布局。这份“在水一方”的静雅，似“天空之境”倒映着鼎泰宫的建筑光影，意境十分优美。四座洗兽池中，安放八只汉白玉貔貅，寓意“喜兽佑福”，祈福平安。整个明堂还融入了现代风格的装饰构件，从当代的美学理念出发对古典园林进行深度诠释。

泗水明堂的中央，一尊青铜“追风汉马”仰天长啸，追风奋蹄，雄风威仪，极富逼真的动感，寓意中华民族昂扬向上的奋进精神。追风马的原型，乃是汉武帝西征时八匹宝马之一，展现着中华民族开疆拓土、龙马精神的气势和张力，可令宾客在艺术中感悟历史的沧桑与悠远。

追风马的马头为何向南？是设计之初有意为之。在汉代，涞源飞狐古道地区，是汉武帝北击匈奴东路军和中路军的重要通道，李广、卫青、霍去病都在这里与匈奴征战，特别是霍去病，曾在这一带创下一次歼敌六万的壮举。因此这匹马象征着“凯旋之马、南归之马”，彰显着中华铁骑战士的精神气魄。

“黄沙漫漫啸北风，嘶鸣声声裂长空，踏破楼兰三尺雪，扬我强汉万古名”。白石山樵创作的这首《咏汉马》铭刻于马前。诗文气吞山河，豪迈奔放，以传神的文笔，再现了当年英雄的凯旋之景，是民族情怀的真实流露。

泗水广场的外围，矗立着八座白玉华表。华表是古代皇家的礼仪建筑，在远古部落时代作为图腾的标志。小镇每座华表上，都雕刻着一尊“望天吼”，寓意上传天意下达民心，是仁德明君的思想体现，暗含了中国古典文化中达济天下、普惠众生的仁爱思想。这份仁爱情怀也体现了华中转型绿色发展、深耕涞源、回报社会的大爱之心。

鼎泰宫，盛世泱泱

望未央宫（节选）

刘沧

西上秦原见未央，山岚川色晚苍苍。

云楼欲动入清渭，鸳瓦如飞出绿杨。

未央宫是西汉王朝的大朝正殿，而华中小镇的正殿，是坐落在中轴线上的鼎泰宫。

鼎泰宫既有汉唐建筑的壮阔严整，又有皇宫建筑的威仪感，瑞生四海明堂之首，前面有大片的皇家园林衬托。在建筑规制上，它以轴线为中心，严整中有错落；在建筑形制上，它创新了名仕文化中的“冠盖”仪制，屋顶雄伟，造型优美且具有实用功能。鼎泰宫创新性简化了传统飞檐翘角的做法，设计者经过反复推敲，以水平伸展的出挑廊檐线条、硕大的斗拱和挺拔的柱子以及艺术化的彩绘，使整个建筑呈现出尊贵、豪华、典雅的艺术特色和气派。

在细节上，以鼎泰宫为主的小镇建筑，均在房脊上安两个相对的鸱吻（中国神兽），有加固房脊、避火灾之意，并将鸱吻造型简化，与现代中式建筑艺术融为一体。

鼎泰宫拥有尊享级客房 261 间，包括豪华标准房、观景豪华套房、行政套房等。这些客房的内部设计体现了汉唐艺术，融入了浓郁的白石山风情。在客房内观景远方，可将白石美景尽收眼底，万丈豪情收纳于胸。客房用奢华的格调，展现出雅致豪放的风格。

河北省第一届旅游产业发展大会期间，鼎泰宫接待了 30 多个国家和地区的数百位外宾，总接待量超千人，得到社会各界高度赞誉。华中集团正是凭借着一份坚毅的“拓荒精神”，完成了小镇第一阶段建设，迈出了“国际化旅游目的地”的坚实一步。之后，华中抓住国家特色小镇发展大战略，深化企业绿色战略转型升级，以鼎泰宫为起点，继续发扬“铁军精神”，以“高点定位”“世界眼光”构筑了一座举世瞩目的康养特色小镇。

鼎是华夏文明的见证，乃国之重器，象征着显赫与尊贵。迈进鼎泰宫大门，给人印象最深刻的，正是一座重达 3000 斤的三足圆鼎，其稳如泰山，凸显神圣。这尊青铜鼎，造型雄伟祥和，气势宏大，古朴典雅，美观庄重，为宾客所尊崇。鼎身四周铸有精巧的盘龙纹和饕餮纹，增加了鼎身的威武凝重之感。饕餮是传说中好吃的野兽，把它铸在青铜器上，表示吉祥、丰年足食。

铜鼎的铭文，由赵建棠先生亲自撰写：

公元二零一六年初春，岁在丙申，时逢盛世，国泰民安，百业俱兴，为迎接旅发大会，华中集团投资兴建白石山温泉度假区，铸鼎留念。

关于这座鼎，深深铭记着“华中集团一言九鼎”的故事：

2016 年，为迎接首届河北省旅游产业发展大会，作为主承办地之一的涞源急需建设一座现代化大型酒店。由于时间紧、任务重，没有企业敢接这项工程。当涞源县政府找到华中集团时，赵建棠先生坚定地说：“企业就要在社会和政府需要时多出力，时间虽紧，但华中能干！”历时 6 个月的夜以继日和精益求精，一座极具汉唐风韵的五星级酒店惊艳亮相。

当鼎泰宫建成的时候，赵建棠先生专门聘请国家级工匠定制了这尊铜鼎。它傲然屹立在大殿中央，“鼎泰宫”的名字由此而来。它象征着“一言九鼎”，见证着华中集团“扎根涞源，发展绿色产业，助力乡村振兴”的庄严承诺；它还传承着中国鼎文化，让五千年的民族文化精髓在涞源大地上发扬光大。

如今，这座鼎已经成为华中小镇的“镇园之宝”，每年和它合影的人不下数万。它凭借着一种雄厚的气魄，为天地立心，护佑着整个华中小镇，为每一位宾客祈福保平安，为万世开太平。

雪霁堂，暖阳普照

秉汉赋之大气，承唐诗之华丽，雪霁堂，是小镇打造的一座大型商务会议中心。“雪霁堂”一名，来源于中国名画《雪霁图》，“雪霁”意为瑞雪初停，暖阳普照。这里面，还深藏着一则满满正能量的故事。

2013 年 12 月，习总书记亲自前往阜平县贫困老区慰问当地群众，现场指导扶贫工作。是时风雪交加，山路难行，而当总书记一行到达老区的时候，却忽然间雪霁风停，晴空万里，冬阳又现。总书记的到来为老区人民带来了脱贫致富的希望，恰恰就像这风雪过后的晴空暖阳一样，温暖如沐，充满生机。后来，这一情景被中国著名画家创作为油画《雪霁图》，并由华中集团收藏，陈列于雪霁堂，寓意着华中集团心系老区、回报社会的历史使命。

规模宏大的雪霁堂，建筑面积1.8万平方米，拥有千人报告厅、30余个会议厅，可容纳6000余人同时开会。其以先进的视听、灯光设备，全面满足多功能大型商务会议、多规格会议、商务会客、新闻发布、培训拓展等各类需求，为政府、企业及国内外专家学者提供了一个共商经济发展、社会文明的交流场所。通过聚焦产业要素，做优服务体系，雪霁堂成为京西百渡政商论坛的一张崭新名片。

百渡食府，百味千肴

“百渡”因拒马河而生。古代的拒马河水流很大，河上不能架桥，每拐一个大弯进一个村庄就有一个渡口。拒马河穿林海、跨山川，一路奔涌流向北京，河流依托峡谷一渡再渡，形成了上百个渡口，一渡一风景，一渡一境界，一渡一人生。京西有百余个渡口，便有千余种美味。百渡食府的名字，由此而来。

汉唐二十四宴，在美丽的京西百渡食府发扬光大。作为小镇的一座餐饮宴会中心，百渡食府建筑面积近2万平方米，包括大型千人宴会厅、30余套豪华包房，可容纳数千人同时就餐，为大型会议、商务活动、娱乐休闲提供高端餐饮服务。最具特色的中餐、西餐、乡村特色小吃、生态农业养生菜，构建了百渡千肴的康养食疗体系。

科学的餐厅布局，融合东方盛宴的雍容气质，缔造卓尔不凡的国际体验，开启汉唐华丽风情与原乡太行山水融合之美感，在高贵与典雅中，让游客尝遍天下美食，品鉴百味人生。

雪霁堂、百渡食府的建筑设计，更加注重立面艺术感和功能性。在中式现代主义风格基础上，减少浮夸装饰，创新应用多元质感和色彩的石材、玻璃等元素，真正让时尚艺术融入现代东方建筑美学。

仁者乐山。不久的将来，一座生命健康礼堂将在小镇拔地而起。它的建筑灵感来源于山，用层层叠叠的山峰，丰富立面形态，以山的意象、山的轮廓，突出空间的高耸大气与挺拔之势。它如山般的建筑语言，与太行风光遥相呼应，展现出尊重自然、融于自然的原乡气质。

贵宾楼，宾客云集

贤者多才，贤达政德。秉持着一份“汇聚天下英杰”的人文内涵，小镇贵宾楼，正是贤德之客休憩的地方。

在建筑气质上，贵宾楼宛若仙山楼宇，伫立在平潭叠水之上，对东方传统的中式建筑元素加以提炼和简化，采用拓扑、描摹、对比等技法，以天然石材彰显沉稳质朴，以厚墙薄顶述说端庄高贵，以中华文化的炉火纯青，勾勒出现代简约性格的中式记忆。贵宾楼还将雕刻和绘画融入建筑，让艺术元素互相渗透，在沿袭中国传统建筑精粹的同时，注重对现代生活价值的美学传承，突出尊贵、传神的感官审美哲学。

在功能上，贵宾楼建筑面积2.3万平方米，只设了161间客房，每间客房宽敞明亮，舒适大方，古香古色，至尊独享。贵宾楼配备精品咖啡吧、豪华大堂吧、多功能自助餐厅。在这里，一切旅途的倦怠困乏，出差的奔波忙碌，都会烟消云散，度假的宾客可以享受山林间纯真的心灵体验。此外，这里也是各大企事业单位和高端人士商务休闲的最佳选择。

竹里馆，诗中画境

“宁可食无肉，不可居无竹。”自古文人多爱竹，竹林之清幽，喻人品之高洁。

竹里馆，建筑面积5300平方米，是一座休闲养心的商务会所。这里散布文竹园、翠竹园、雪竹园、紫竹园、映竹轩五座主题小园，以及40余间高端客房，集休闲、住宿、会议、温泉康养为一体，环境幽雅，是高端人士、企业、团体开展康养度假、商务活动的品质之选。

竹里馆

王维

独坐幽篁里，弹琴复长啸。

深林人不知，明月来相照。

“竹里馆”一名，正是来源于“诗佛”王维这首脍炙人口的诗歌。王维思想超脱，40岁以后就过着半官半隐的生活。他在诗中说：“晚年惟好静，万事不关心。”因而常常独自坐在幽深的竹林之中，弹着古琴以抒沉静的心情。

作为小镇中一处独立封闭的幽静院落，这里茂林修竹，朝接紫气，夜迎月色，用心赋予了每一位宾客清远、闲适的人生情怀。这里意境清幽空灵，诗画一体，采用“园中园”的设计手法，小中见大；这里布局巧妙，主次分明又富于变化，园内有园，景外有景，精巧幽深之至，径缘池转，移步换景。竹里馆运用景墙和景窗的漏景或透景等手法，以照壁与造型松作为视觉冲击，被巧妙地分割成五座小园，形成相互贯通、尺度不同的小空间。这里的绿竹、石墙、回廊、草坪、突泉，为竹里馆增添了浓厚且传统的园林气韵与水墨情趣；而空间的巧妙布局，又充满了浓浓的诗意。这里有景有情，有竹有水，虚实相配，用练达静谧的建筑语言，传达出心情的宁静淡泊；以清幽的环境，与自然对话，折射出境界的高雅脱俗。

白石山居，君临天下

作为小镇的健康人居产品，白石山居是一个归心圆梦的地方。她向世人呈现出一座原乡风格的中式院落。不同风格的山居原墅、山水度假花园，演绎宛自天开之美，蕴含“与天地万物求和”的中国智慧，将空间设计、人与自然完美融合，实现“天地之大美，建筑之独尊，人生之坎坷，唯此处可归心”的人生境界。

白石山居，以白石之韵，造山居之势，唤起中国人的古老记忆与原乡眷恋。她升级“中国风、中国情”品牌内涵，用独具匠心的设计手法，展现“文明的中国、开放的中国”，运用古典元素，阐释汉风国粹的生动气韵。

梅、兰、荷、菊是中华民族感物喻志的文化象征，尽显传统文化艺术的华贵之美。以它们命名的中式院落，根植于汉唐盛世美学。舒展的挑台、错落的屋顶、简洁的形体，让建筑与山的厚重相互呼应。原生态的石材，取材于白石山之石，原乡风情的墙体涂料，体现了山居生活的质朴与纯粹。建筑立面的架空、挑台、出檐，线条舒展，风格独特。建筑上的宽敞露台空间，让人独享自在天地，夜伴清风，仰望着无垠星空，山间野趣与归属感顿时倍增。

白石山居的中国墙，是汲取古典院落精华的白墙黛瓦，古意朴拙。其承袭唐代筑墙传统，御风防火，祈福镇邪，并采用了虚实结合的手法，将更多空隙向大自然敞开，使人与人、人与自然有更多的交流空间。

秉承着汉风国粹，践行着“天人合一”的理念，白石山居让东方美学、中式风骨、当代生活融会贯通，其中式院落展现着独门、独院、一户一园的优雅景致，诗意地实现了“林中有宅、宅中有园”。优雅的中国窗，从造型、结构、雕刻、装饰上都恰到好处，传承着中国古代建筑艺术。

庄重的中国门，分做府门、宅门、垂花门，各有不同做法，仅垂花门的垂花就分坐莲垂花、垂莲垂花、风摆柳垂花、岳云锤垂花等，既美观又有专属区别，展现古香古色的大户宅门生活体制。而山居门上的俯首石狮衔环，既精美又具有庄重的意味。

山居门口颇具代表性的“门当户对”，取料太行之石，工艺精湛，圆石鼓的两侧图案以转角莲为主，雕刻栩栩如生，有镇宅之意。

山居顶上的青砖黛瓦，以圆形瓦当居多，造型优美，纹饰丰富，令人想起李商隐“一春梦雨常飘瓦，尽日灵风不满旗”诗句中的唯美诗境。

白石山居的山水花园洋房，堪称东方建筑文脉在新时代的完美演绎。它继承汉唐建筑大气稳重、繁简得当之神韵，以现代设计语言回归建筑本质。

外立面中国灰、中国白的巧妙搭配，让山居洋房以当代时空为枢纽，融入了东方美学的雅致灵动，构建出无可复制的人文意蕴。生活化的阳台设计，更利于观山望景。人们站在窗前眺望远方，可以让心灵“依偎”白石山与明长城，享受“眼观山水、心怀天下”的高远旷达。

白石山居一经推出，便赢得了社会的高度赞赏。赵建棠先生认为，白石山居的设计，始终以“四个坚持”为根本，形成了中国社区建设设计理念的文化支撑体系，服务于小镇居民的物质生活和精神生活。

第一，坚持绿色健康建筑标准。

白石山居严格按照国家住建部和中国建筑科学研究院联合颁布的《健康建筑评价标准》开展建设，立足建筑全寿命期内“健康舒适、安全耐久、便利生活、低碳节能、环境宜居”五大维度，对项目设计、运行进行全面的提质与创新，增加建筑的安全耐久属性，提高建筑外墙、屋面、门窗、幕墙、装饰装修材料及外保温领域的质量标准系数。

第二，坚持国际人居标准。

“居所”并非仅是一套房而已，其具有国际定义，即能够满足完整的人居需要，它不同于20世纪80年代的筒子楼设计。首先，具备家庭概念，可满足老人、孩子、成年人等不同人群的需求。其次，具备“N+1”居室。以三口之家为例，夫妻二人住主卧室，孩子住儿童室，此为两间卧室。但是按照传统的习惯，还应具备客房，可供老人或保姆等人使用；要具备书房，用于艺术养心，提升人文境界；还应具备厨房、卫生间等。居室只有基本满足家庭成员的起居、学习、团聚等需求，才能符合国际居住标准。

第三，坚持中国风格，体现中国园林设计理念。

华中不建设“洋房子”，也不搞“千盘一面”。华中敢于投入，始终追求“一项目一设计，一园林一风格”，这是区别于其他小镇的特色。

第四，坚持全龄生活配套。

华中坚持打造一个与大自然和谐共生的建筑空间，能够满足老人、孩子、成年人等不同人群的生活需求，将各种公共服务配套设施如静思堂、御书房、山居生活馆、运动中心、酒馆茶肆、农耕书屋等巧妙安排在群组院落之中，让人们在享受公共资源的同时，感受到小镇山居惬意的生活氛围。

三，小镇建筑理论内涵

特色小镇应具有中国建筑的特色

建筑是人类智慧的结晶，是人类文明的载体，是人类社会发展的里程碑。

任何建筑都会打上两个鲜明烙印，一个是时代的烙印，另一个是民族文化的烙印。中国建筑有几千年发展史，传统建筑形成于汉唐时代，成熟于明清，在此基础上，中国近代建筑的历史较为短暂。特色小镇的建筑应该延续中国建筑的发展脉络，把握好传承与发展的关系，不能另起炉灶，尤其不能为了一鸣惊人而搞奇奇怪怪的东西。

建筑是文化的载体，而文化是不能与历史割裂的。中国建筑在漫长的发展过程中形成了具有中华民族鲜明特色的建筑语言，其反映的是中华民族的审美观，表现的是中华民族的文化诉求，建设者如果忽视这些基本内涵而标新立异，那肯定是站不住脚的。我们源远流长的民族文化应该在现代建筑中得到充分的体现，我们要传承好中国传统建筑的“天人合一”“邻里相亲”“阴阳平衡”“风水五行”“自然和谐”等基本建筑理念，切忌照搬照抄、千层一面，要在发展中继承，在继承中发展。

小镇建设要立足于现代社会人文发展的需要，要有世界眼光，要充分利用我国和世界的先进科学技术，如智能技术、节能技术、环保技术、生态链技术等。乌镇就是一个成功的案例，既充分保留了水乡古镇的历史文脉，又引进了高科技产业。

小镇的建设者要有历史的担当，只有规划好，才能建设好。在小镇规划上要牢记大城市病的教训，切忌贪大求全、摊大饼式发展；在小镇建设上切忌贪异求洋、粗制滥造。以平和的心境和负责任的态度规划好、建设好特色小镇，是社会的呼唤、人民的期待与我们的责任。

第四章

天地之间 气象万千

环境文化篇

HUAN JING WENHUA

紫气东来兮，驾长风。
瑞云绕梁兮，福地生。

和，是特色小镇最高境界的美学内涵，展现着融合共生的意境。华中小镇的“和合之美”，不仅是气势辉煌的建筑之美，更是中国环境文化的底蕴之美。在实践中，华中小镇传承中国康养文化之精华，讲究天、地、人、环境合一。大到区位选址，小到室内格局布置，将文化养心、自然养疗、中医养生的元素融入了小镇血液。

归山，探水。夫环境之美者，则神灵安，家族昌盛，人丁兴旺。遵循着原生态的地貌与山水文风，华中小镇回到山谷间，贴近自然，传承中国传统山居文化，将生态环境与人居艺术相结合，以水、林、石、谷为灵感，取境东方，把建筑之美、园林之美、人居之美、自然之美、温泉之美、康养之美浓缩在这片亘古的土地上，唤醒东方美学的独特禀赋，让择雅而居成为现实。

从大环境来说，华中小镇建在了太行山、华北大平原和内蒙古高原的交界区域。独特的位置，造就了独特的文化属性。实际上，涞源是三种文化的交汇点，往南是农耕文化，往西北方向是游牧文化，向东北方向是骑射文化，三种文明模式经过上千年的融合，形成了特有的民风民俗和原乡生活。

探寻华中小镇每一处环境，无不透着中国传统文化的共同特质——博大。在这份“博大”的背后，凝聚着一位又一位小镇工匠精湛的技艺与智慧的结晶。这里有海纳百川的开明环境，有礼尚往来的文明传承，有从容不迫的文化自信，无论你是指点江山的成功人士，还是翰林子墨的文人雅士，或是向往田园原乡的农夫山樵，在小镇的环境中，你总能寻得心中那一方与世无争的心灵净土。

一，风水环境：藏风纳气，象天法地

风水，是古老而神奇的传统环境文化。中国文化中的“风水说”可称为最早的环保理论，风水特别强调良好的自然环境，推崇“抱阳之地”的环境美学，表达了对“大美不言、物我两忘”境界的追求。

古语云，山水以龙脉论尊卑。风水学则认为“山环水抱”“藏风聚气”的地方风水为佳。涞源是中国传说中的“龙脉之源”，而华中小镇又占据京西龙脉的尊地，实属难能可贵。龙脉，就好比宇宙间的元气，有起有伏，而外在的山和水就像人的经脉。山虽然是静止不动的，但一高一低，绵延不断，像是气在其中运行；水蜿蜒曲折，随山而行，就像是把山里的气给带了出来。华中小镇坐落在山中的盆地平原，这里三大山脉交汇。在风水术里，把连绵起伏的山形比作“龙”，龙头之所在叫作“来龙”。在这里，“来”即“涞”，又有“涞源龙脉”之意，身居涞龙，就会吉祥顺利、兴旺发达。小镇三面环山、一面临水的环境，有助于健康和财富的稳定，有助于聚气敛财，是最佳风水格局。

“环境好了，人们才可以健康长寿、子孙满堂，反之，则影响人的身心健康。”赵建棠先生查阅古今资料典籍，秉承“天人合一”的哲学精神，从古老的《易经》和《周礼》、春秋战国时期的《考工记》、西汉的《史记》中，研究人们建造城池、修整村社、修建道路时对周边环境的讲究布局，因地制宜，依山就势，尊重地块原有风水龙脉，不断深入分析地形地貌、山水距离、采光通风等环境因素，让华中小镇成为冬季抵御寒风、夏季南风环绕的冬暖夏凉宜居宝地。久居于此则可延年益寿、藏风聚气，对事业及家庭的发展都有帮助。

承“人居健康风水”之大成，华中小镇的布局，既上得天气，又下得地气，与阴阳宇宙密切相关。小镇中间一座地形高差的景观墙，好似一条南北方向的分界线，将整个小镇分为前后“阴阳两区”。

前部属于阳区，以“动”为主，包括鼎泰宫、雪霁堂、百渡食府、贵宾楼、生命健康礼堂等，展现了“白石山川之阳刚”与“汉唐建筑之雄魄”，体现了世界眼光、国际标准、中国特色、高点定位，更能代表男性居者的格局与气质。其中鼎泰宫的建筑位置，在中国传统建筑学上是最为尊贵的，属于“阳中之阳（太阳）”。

后部属于阴区，以“静”为主，包括白石山居春华园、茂华园、芳华园等。这里更接近白石湖，展现“水之阴”，彰显出一种静美与柔美，让人沉醉于“小桥流水人家”的诗意之境，更适合安放心灵。

古人云，山是实气，水是虚气，山高大可以界水，水可以聚气。未来，白石河的水系将流经小镇，符合风水学里“开天门，闭地户”的理念，有“大气磅礴之感，天人合一之兆”，既将“生气”导入，又形成风水学中的“水抱”之势。在重要建筑前呈现“临水”之境，堪称小镇风水的点睛之笔。

二，设计思想：天地人和，心为我净

华中小镇在景观环境上追求古典式布局，即“匠人营国，左祖右社，前朝后寝”，打造三重文化空间，即追求“序列和引导”“开放和交流”“私密和宁静”，以多元意境诠释东方美学审美价值，呈现一种“雄中藏幽，丽中有奇，大气与雅韵兼具”的康养生活场景。

感悟小镇总体布局，一座座宏伟的建筑，在中轴线贯穿下，层层递进，高潮迭起；一组组院落，或空阔，或幽静，收放自如，张弛有度，更将迎宾、待客、游乐、生活等功能有序安排其中，给小镇创造出丰富而又细腻的景观空间感受。

出则仕，归则隐。中国人的哲学是“礼”的哲学，这种“礼”，在小镇山水园林之间。在华中小镇的设计理念中，园林不是配角，而是主角，搞不好园林，就缺少中国味，就会让中国建筑失去了灵魂，就会让回归自然失去了依据。

小镇园林体系，集天文、地理、艺术、生态为一体，是自然景观与人文景观的再创与浓缩。根据中国传统造园思想，小镇以“天地人和”为理念，对古典建筑和景观园林精雕细琢，将中国艺术元素与绿色科技完美结合，营造富有汉唐韵味的新中式建筑园林，把人、居、自然和谐统一，着力营造京西太行区域的“地标性人文环境”。

“蕊珠宫殿经微雨，草树无尘耀眼光。”中国的园林讲究道法自然，天人合一，容融圆通。小镇精心营造出的汉唐庭院，以迎宾广场为核心，通过尺度适宜的小品、铺装等景观元素的合理分布，用心雕琢每一座艺术品，用心栽培每一株植被，形成湖、泉、径、殿、亭、阁、谷、林、台、丘、峰、榭十二大景观元素，触碰都市人心中最柔软处的“中国情感”。

数万平方米的小镇公共园林中，名贵植被、富氧植被多达百余种，太行之石雕造的景观重达千吨，近百处浓厚的汉唐特色主题景观，大处恢宏有度，小处精致宜人。各景观节点环环相扣、张弛有度，既具有浓厚的生活情趣又各富特色，抒发了“和为贵”的建筑情怀，流露出厚重博大的汉唐遗风。园内多达 20 余处景点都能在古代山水名画、田园古诗词中找到出处，每一处景观、每一座院落的命名，都来自汉唐文脉的记载，体现了华中小镇对历史文化的尊重与传承。

三，畅游小镇：应目之游，会心之美

望一座山，听一片水，终其一生，享入山林。在华中小镇漫步徜徉，邂逅惊鸿一瞥的东方大美。这里的环境格局，这里的砖瓦木石，以当代人的视角，触摸中国建筑文化的心跳，让情怀在历史时空中穿梭。设计师们结合小镇环境的“游走路线”和“人流路线”，依据远近、虚实、映照关系，着力渲染，把物质时代人的精神紧张、空虚及心情浮躁，消弭于小镇园林山水之间，让人们恣意着最美的生命状态。

假山叠水，是小镇入口处的第一个迎宾景点。叠石假山体态婀娜，与垂柳相依，两侧以叠水瀑布寓意生动不息。孔子云，水有五德，因它常流不息，能普及一切生物，好像有德。水有如此好德处，所以君子遇水必观。若正值盛夏，看流水飞溅，雾气腾腾，水边的凉爽沁入心脾，不由得让人向前亲近几步。夜晚，跌瀑的水花在灯光下如薄纱一般轻盈，随风舞动，恋人们可许下浪漫的约定。作为小镇入口的标志景观，假山与叠水一动一静，彼此相得益彰，繁华与宁静只在倏忽之间，完美地阐释了东方美学极致之美这一意蕴。

一进院：唐风汉韵，祥云盛世

穿过汉阙大门，从踏入园中那一刻起，仿佛穿越时空，梦回大唐盛世。沿着“三进院”的空间序列游览小镇，慢慢走，细细看，或动观，或静赏，领略四大主题园林的变幻景致。小镇将“汉唐之盛、闲适之雅、原乡之美”高度融合，人在其中，如游画中。

沿着中轴线望去，即可领略小镇高低错落的独特地势，若将山水化作意境处理，还可欣赏鱼鳞砚池在阳光照耀下的波光粼粼。顺玉璧石阶而上，两侧的海棠果红得通透，似小孩子红扑扑的笑脸，俏皮可爱；两排迎宾的银杏树，在四季更迭中兀自美丽。银杏乃中华国宝，其坚韧不拔是其他任何植物都难比拟的。小镇的银杏，极具苍劲之美、传神之韵，宾客站在树下仰视静观之，会增添自身的骨气、志气，消减自身的惰气和浮躁气。

以云纹装点的玉璧景观，以“障景”结合“透景”的手法，将景观序列进行划分，第一层次的礼璧广场是庄重大气的仪典迎宾空间，第二层次的泗水明堂则是包容开放的对外交流空间。

穿过旗杆，三条道路，通往三座不同的建筑景观群。中间为正路，即“神威大道”，直通鼎泰宫；两侧为辅路，通往雪霁堂和百渡食府。设计师们巧妙利用空间，用具有现代设计感的园林景观把楼宇连接起来，使其相映生辉，让整个园区成为一幅中国古典哲学与美学融合的当代山居图。

雪霁堂庭院，位于主轴左侧。庭前绵延的枯山水景观，禅意浓浓，意境唯美。细细耙制的白砂石铺地，错落有致的灰色矮墙，使得无水胜似有水。大量的空间留白，虚实交叉，映射不同心境。迎客松、白皮松、国槐、梨树、迎春、海棠、丁香等植物组合，佳木葱茏，花团锦簇，让人感受“白雪吟月、瑞雪映松”的美丽景象。

涞源迎客松，是涞源地区特有的松树品种，华中小镇各个位置都有它的身影。它不仅姿态优美，枝干遒劲，而且饱经风霜，郁郁苍苍，斗志昂扬，充满无限的生命活力，营造“双臂垂迎天下客，包容四海寿千年”的美好寓意。

百渡食府庭院，位于主轴右侧。与雪霁堂的宁静相比，这里显然“热闹”些。秉承“小中见大、咫尺山林”的艺术造诣，百渡食府入口广场展现出宾至入境的景观效果。“白石矗立迎旭日，拒马奔腾直向东，千流万转归百渡，美味佳肴杏花村”，这正是此时此景的真实写照。

这里溪水环绕，潺潺隐现，渡船横卧，细浪拍岸，青松倒影，云栖其间，层光叠瀑，奔涌向前……不同的动态组合，于观赏者眼中呈现出变幻无穷的大千世界。

沿着主路神威大道而行，两侧的小叶黄杨、樱花树、西府海棠组成了一条生机勃勃的迎宾景观路，将你从喧嚣之境引入静谧之境。

迈入泗水明堂，可以看到追风马位于正中央，汉马周边饰以汉代玺兽，以镜面水、树池与汉白玉华表相呼应，相互构成借景，透过山谷的阳光，打在枝丫上，照在水面上，人影、树影、云影通过间隙倒映成画。从日出到日落，从晴朗到细雨，从春暖花开到冬雪皑皑，时间流转不停，光影景观亦不同。

明堂外围的环路两侧，大株的银杏极具仪式感，气势雄伟，葱郁庄重，令人怡情怡目。鼎泰宫的银杏，像极了千年传唱的宋词，有的豪放，有的婉约，尤属秋季最美。秋季在这里驻足，感悟晕染千山的凉城美境，或火红，或金黄，或橙光，或绿影，俯仰间层林尽染，如霞似锦，入眸，入心，入了时光画卷。

沿中轴线对称展开，鼎泰宫两侧的主题园林区，意境唯美，景色荡漾，犹如百里画廊。这里的皇家园林引自然之景，将场地特质融入设计中，拉近人与人、人与自然、人与空间的关系，赋予人们一种新的原乡生活感受。沿石板小路而行，步道曲折回环，步移景异，曲径通幽。白桦丛、银杏树庄重威严，俏皮的桃花探出头来，优雅的白玉兰径自开放，不惹世俗……这里好似桃花源，在转角处总能发现另一片天地。五块形态不一的雪浪石置于浅水之中，或如浪花，或如云絮，远观，云水交融，缥缈如仙界；近看，水云相依，清新如雨后空山。紧邻的牡丹园，“云想衣裳花想容，春风拂槛露华浓”，百余株涞源牡丹成团簇放，天姿国色，娇妍似锦。

这里的油松、国槐、五角枫、白蜡、栾树、垂柳、玉兰等每一组园林植物都精心搭配，巧妙灵动，富有生机；而木质平台与砾石的点缀，则极具东方美学之韵味，让路过的人不禁放慢脚步，舍不得错过每一处角落。

二进院：东方韵味，贵宾礼仪

穿过鼎泰宫，来到小镇二进院，这座以贵宾楼、竹里馆为主题的中式院落，既追求“开放和交流”，又兼具“私密和宁静”，不仅在造景上讲求自然和谐，还在建筑上尊重自然。

《论语》云：“登堂入室，为贵胄也。”脚下的马车地雕，仿紫禁城御路而建。石雕为秦汉时期皇帝出行的“铜车马”，栩栩如生，具有很高的艺术观赏价值，是“门第等次”的象征，寓意万人之上的王室气宇。

贵宾楼门前，一座假山姿态盎然、巧夺天工，山下平潭叠水，溪流叮咚作响，实乃“水中有石，石中隐泉，青山浮水，倒影翩翩”。宾客拾级而上，尊贵之感油然而生。

山前和山后，有九尊威严、精美的汉白玉石兽镇守两门，它们是平和之物，象征平安、万象更新，更是辟邪之宝，倚坐啸天，为客人祈福，为院落增添光彩。

假山两侧，两座对称的方形水榭景观亭掩映在林木中，半隐半露，精巧典雅。此二亭采用红松木梅花方柱，其精致的斗拱，“如鸟斯革，如翚斯飞”，在造型、颜色上，与贵宾主楼相得益彰。远观亭，其可为一景，步入亭中，又可统揽全局。在亭中闲坐，谈笑风生，捻拨古琴清韵，不争朝夕，沉淀思绪，身有所感，心有所悟。这里遒劲的景观风骨，又融入文人雅士的审美情趣，营造出礼序世家的强大气场。

小镇之地雕工艺，传承古代的青砖雕刻手法，采用“福、禄、寿、喜、宝、莲、花”传统图案形式，寓意福寿延年、福星高照、事业蓬勃发展、生活幸福美满。地雕与青瓦立铺路面装饰相结合，形成和谐优美的地铺曲线，其纹样体现质朴、纯粹的院落装饰理念，再现传统大族的居家礼序。

稀世美材，经大匠巧工琢制方可成器。在院子的建造过程中，华中遍征天下良工巧匠，让许多中国传统的建筑技艺，在小镇院落里得以“容颜永驻”。

三进院：白石山居，闲云野鹤

白石山居颂

赵建棠

黄公佳作传千年，茂林修竹一抹田。

莫道白石山居迟，清凉胜过富春山。

每一个有情怀的人，心中都有一片梦想的净土。与家人回归田园，胸怀天地，淡泊明志，四季养心，珍存着一份令人向往的隽永乡愁。白石山居，正是这幸福的起点。

赵建棠先生以《富春山居图》为灵感，以现代、自然、诗意、书香为调性，营造白石山居中式山水新意境，让自然、建筑、园林无界融合。雀山湖畔、松林静室，足以让忙碌的都市烦恼瞬间消失，展现出“依凭内心、不羁于物、享乐由心”的崇高境界。

“平昔常闻风水洞，重山复水去无穷。”中国人自古讲究门第之礼，从门口到府院，一进一礼，彰显家族风度。在布局上，白石山居承袭“唐宋五进之礼”，营造恢宏的“归家之路”，形成“一进园，二进坊，三进巷，四进院，五进门”的礼制序列和空间节奏，层层递进，强化中国的家族礼序。

白石山居，纳山水入园，形成建筑与自然之间的羁绊，勾勒自然与匠艺共生的尊崇。当古老与现代相遇，气势磅礴的山水景观，飘逸洒脱，焕发出新的生机与活力。作为小镇最静谧的室外空间，白石山居最直接、简单地表达了小镇的生活哲学——“慢下来，用心感受”。这里经过时间的沉淀，迎接阳光的洗礼，感受清风的触摸，使一切都安静下来。

从景观的叙事性出发，白石山居传承谢灵运《山居赋》之人文意境。设计师们综合考虑台地高差与山居环境，精炼设计内涵，通过对地理位置的推理与精神立意的考量，使山居内呈现了雀山湖、天台、青丘、青苔、长洲、飞榭廊、石涧、飞泉、石桥、方石、石瑑、月隐、松箴、桐柏等十多幅山居图卷；重磅打造了白石广场、台地花园、曲径花园、全龄活动场、静水流觞、雀山湖等一批精品景观；使用对景、借景、障景、延伸等手法，将传统礼序轴线与自然山水相结合，凸显山居文化独特的生活雅集。

水利万物而不争，有水为邻，若有良师，这正是华中小镇追求的心灵境界。白石山居园内拥有“一静一动”两湖，分别为印月潭、雀山湖，水为湖体，湖为水形，形体一脉。

印月潭美景

李昊儒

碧潭印月美华中，小桥流水响淙淙。

天鹅嬉戏闲情逸，乌篷飘橹独自横。

静湖“印月潭”又名“小西湖”，其静若处子，湖水如镜，精灵秀气。岸边微风摇绿柳，楼前碧水映亭台，因而这里被称作华中小镇的江南。小镇“明星”——两只美丽的黑天鹅引众人围观，墨色的羽毛、朱红的喙、修长的脖子造就最完美的体态。它们信步、浮游、觅食、缠绵缱绻，成双成对，呈现出一派浪漫诗意的动人景象。

动湖“雀山湖”水声连绵，与孔雀、鸳鸯、鸭子为伍，湖光揽人。“雀山湖”一名，来自湖畔的孔雀。这是一片临石近水的真福地，一对美丽的白孔雀与一对美丽的蓝孔雀正在悠闲散步，它们仰着高傲的头，抖动翎毛，顾盼生姿，美丽的尾巴在阳光照耀下摇曳出绚烂的光，营造出一种“从此相伴到终老，生生世世舞蹁跹”的从容境界。来自白洋淀的麻鸭在湖里自在遨游，一只大雁带着四只小雁在湖畔漫步，跌跌撞撞，憨态可掬……雁鸭比邻，时而鸣叫，时而嬉戏，凝聚大自然之灵性。

在水边小坐，触山望湖，安顿身体，安抚心灵，追求“水清山净、林悠鸟鸣、心迹无痕、诗出天音”的生活理想，感悟“芳菲满院、静心怡情、原野之气、勃然而来”的延年之境。

居者择其居，这里以景观为“器”，构建出“境”的精神概念，以达到现代人“逆流”式的双重回归。白石山居有五街九巷十八坊。街以“仁、义、礼、智、信”命名；巷以景树命名，如榈芳巷、白桦巷、红塔巷、枫林巷、紫竹巷等，不同的景观树沿小巷种植；一组四合院围成一坊，坊内小园林又有不同，分别以唐诗宋词集字命名，如邀月坊、观涛坊、听琴坊等。这里拥有前庭后院、外动内静的显著差异化布局，展现出刚柔相济之风貌，提取传统园林的元素与构成手法，结合现代造景材料，点缀内敛写意的景观小品，布局亲切和舒适的休闲居住场所，也将白石山居营造成内敛雅致的禅意花园。

族以门立，山居院门开启的一瞬间，方显大家族弘开万象之气，先入院门沉淀身心，再入家门修身养性。院内的禅意，代表了小镇生活美学的精髓，它重在意，在空灵，是将天地山水之妙情寄于心间，是将挥斥方遒之气势归于方寸，使悠然天地豁然眼前。只有在白石山居院子里，你才能享受这种意境，培育出来自内心深处的静美和宽厚胸襟。

设计师们在入户小院基础上，建筑围合出了一个充满温馨回忆的中庭院，并打造了侧院和后院，使山居院形成一个 360 度环景的效果。每个小院都有私属园林，这是整个小镇的点睛之笔，一石一瓦，一草一木，都经过上百次挑选，精工细雕。通透的空间布局，丰富而私密的院落规划，让花与木携手，树与宅相依，流露出浑然天成的田园之美。

最惬意的山居时光，就是坐着藤椅，在院子里休息，气定神闲地观山、听风、赏云、浇花、种菜，伴着美丽的涞源迎客松，陶醉于园中的万物；或和家人谈笑风生，手不释卷，品茶弹琴，营造出“出繁入静、鸟语花香”的自在心情。每个房间都配有观景窗台，可将园中的各处景致尽收眼底，令人仿佛置身于世外桃源。山涧鸟鸣，悠然自得，正如韩愈《示儿》中说：“山鸟旦夕鸣，有类涧谷居。”

师法自然，四面围合，思想静宁，内涵乾坤。白石山居这份难得的宁静，只要细心地寻找，处处都有“细数落花因坐久，缓寻芳草得归迟”的舒缓与淡定。

清晨锄荷去，露水沾亦衫。白石山居钟情于陶冶人的心情，开阔人的胸怀。住在这里，和繁华城市保持不即不离的舒心距离，神游物外，与大自然融为一体，远离浮躁，远离聒噪。人们在这里度假、养生、休闲、读书等，可以享受“醉中国”的深远意境。

四，室内环境：天光云影，汉唐传韵

对于现代人来说，美的定义并不唯一，但对于具有精神灵魂的建筑而言，它的环境美学独树一帜。小镇酒店的室内环境，饱含“中国意境”的尊贵、儒雅之气，既具有实用价值，也展现了历史文脉。小镇在遵循汉风唐韵的基础上，无论是公共大空间，还是私人小空间，均按不同的功能需求设计，彰显出既简约精致又大气尊贵的风格。

大堂，作为迎宾待客的重要场所，自古便是必不可少的尊贵之地。步入金碧辉煌的鼎泰宫大堂，宾客自然而然便会矗立在青铜鼎前，缓缓踱步。在现代与古典文化的磅礴交汇中，在高空间、大进深的开阔设计中，一幅壮丽的“汉唐盛景图”徐徐展开。

驻步环视，四尊“长圆金纹红柱”高耸而立，气势恢宏。雕梁绣柱，自古便是祥瑞的象征。“中国红”的石质柱身，高达数米，粗壮雄伟，柱身上雕琢着祥云纹理。金灿灿的柱顶选用北京人民大会堂柱体的造型，在空间的衬托下，显得熠熠生辉。

仰望大堂顶部，富丽华贵的天花藻井，采用中国传统的漆雕工艺绘制而成，其图案上纯金的金箔、金线，色泽饱满，用金量大，装饰性强。精雕的花纹造型图案，丰富细腻，栩栩如生，烘托出浓烈的“金花盛世”之祥，瞬间就吸引了宾客的目光。

顶部中央的巨型中式吊灯，彰显着中国文化的包容与博大精深。简约的吊灯形体，在材质上包含着中式贵族气息的金属配饰，大雅而豁达，大气而磅礴，无不透露着现代与古韵交融的艺术魅力，在柔和的光影中尽显华贵，光境悠远。

挑空上方的原色木浮雕，演绎四季山水、玉树琼枝，形象灵动，构图不落寻常，刀法流畅，细致入微，寓意“图必有意，意必吉祥”。

脚下的大理石材地面，更多是被当作艺术品来匠心雕琢。其依照独特的艺术设计理念、丰富的纹理，每一步景致都实现了点、线、面的艺术化统一，营造出尊贵的艺术气息，凸显了酒店奢华、时尚的东方文化特质。

宾客在大堂的沙发上小坐，可以细细品味时而奔放、时而含蓄的“汉唐风骨”。身边的每一件家具、每一盏灯饰、每一个摆件、每一件物什，都是根据实际环境量身订制，处处充满了对文化与艺术的考量，并以精巧的匠心，成就非凡的品质。通透的大面积落地玻璃窗，将数万平方米的园林美景“引入”室内，为度假的宾客增添了一份自然与惬意，使物境、情境、意境融为一体，营造出自然与建筑环境相互渗透的生态气息。

穿过正殿大厅，来到大堂吧休憩。此处可供人们接见宾客、会面亲友、品茶论道，其彰显的高雅风韵，道尽主人品位。

中式古典家具的精心设计与布局，化繁为简，与环境协调，颇具唐风韵致，达到人与物、场与物的契合。墙壁上悬挂的中国书法、苏绣绢画、泼墨山水画以及各种陶瓷工艺，凝聚着深厚的文化底蕴，尽现国风淳厚、文风浓郁的气场。

这里的“琴茶书画”之境，从听觉、嗅觉、味觉多方面营造丰富的中国情致，以温婉之态，颂东方之美。读书、茶艺、评弹等雅致活动，可令宾客领悟市井的真实与大隐的雅致，感触竹林间的淡然与从容。

卸下车马劳顿，回到温馨的客房，客房内处处弥漫着浓浓的人文情怀。这里的起居氛围，时尚、典雅，又不失中国韵味，为生活注入了一份舒适与厚重。每个房间都设置落地观景窗，窗外壮丽的白石山景色翩然而至。居住于此，宛若将一幅山水画卷装在心中，增添了无限的格局与诗意。

无论是鼎泰宫、贵宾楼，还是雪霁堂、百渡食府等，华中小镇每一个室内空间，在赵建棠先生的亲力亲为下，都缔造出启、承、转、合的环境空间格局。他以传统古建筑美学工艺为基础，以中国哲学为底蕴，创新了康养生活结构性的功能设计，构建出了京西地域与小镇文化完美结合的美学概念。每一处室内细节，他都精雕细琢、古意篆刻；每一种装饰材料，他都用心考究、精挑细选，让小镇处处彰显着汉唐文化的魅力，让每一位宾客在健康舒适的环境中，充分感受最醇正的中国韵味。

由于小镇各个空间的功能定位不同，故每一所建筑被赋予的文化风韵又稍有不同。

雪霁堂的内部环境，传承汉赋的大气华丽与唐诗的精致随性，充分彰显着北京人民大会堂“金色大厅”的风格精髓。这里庄重典雅的庆典气氛，高端现代化的商务格局，展现出当今中国应有的时代风采。

百渡食府具有鲜明的民族韵味，通过汉唐书画艺术元素的应用，立体再现了气势恢宏的传统汉唐文化。其整体效果大气磅礴，又与“汉唐二十四宴”的高雅格调相辅相成。

贵宾楼突出宾至如归的居住情怀。“贤”多才也，有德之意。这里秉承亲切、和谐的尊贵之感，在内部装饰造型、灯光、色彩、家居上，处处做到了舒适、优雅与平和。

竹里馆追求清新淡雅、超凡脱俗之境。其摆设及挂画均取材于历史背景或文化艺术背景，并兼具功能定位的需要，塑造出一个诗意、独特的静谧环境。

华中小镇深入落实“融汇古今”的设计哲学，无论建筑、园林还是室内装饰，都从博大的中华文化中去寻根，力图挖掘国人内心最深处的认同感与归属感，形成“风、颂、雅、藏”的东方美学意境。

小镇之“风”表现为天光云影共徘徊，白如玉，明如镜，薄如纸，声如磬，远山近水，廊檐飞角。

小镇之“颂”呈现出风华时空的流转意境，意蕴悠扬，颂美东方。

小镇之“雅”即丝竹管弦古意篆刻，雅致高情，通过禅茶、香道等生活元素体现“醉中国”的雅致情愫。

小镇之“藏”即自然纯粹的石头、青瓦，木质家具的返璞归真，体现文化瑰宝的沉淀，透出更耐人寻味的感觉，山水、藏品、文化交融于此。

大美之境，心净则身净。华中小镇，伴山而居，境藏芳华。入园，归园，形无界，德相承。

第五章

敬天爱人　五德为尊

服务文化篇

FUWU
WENHUA

优为聚灵，
利他之心，
是为仁。
厚德载物，
真诚相待，
是为礼。

因爱而生，福泽绵长。涞源，是一片有着大爱渊源的土地。

传说中的涞源飞狐，经常在百姓遇到灾难或最需要帮助时显圣，救人于危难之时。抗日战争时期，白求恩在涞源救死扶伤的故事，传遍了整个华夏大地。而如今，坐落在这片净土的华中小镇，传承了这份人间大爱，通过极富人性化的服务，播撒着仁爱的种子。华中小镇倡导的仁爱，不仅包含提供美好服务，也包含为人的福寿安康创造各种条件。“仁者寿”“德者寿”，是中国传统文化中独特的健康观。心存仁爱的人，在乐助他人之中获得内心的温暖和满足；品德高尚的人，顾全大局，关心他人。博大的胸襟和坚定的信念是增进身体健康的有益因素，这也是华中小镇所追求的服务之魂。

好的服务是有标准的。2018 年 8 月，在中国中关村产融合作与转型促进会的支持下，华中集团牵头起草的《国际康养小镇服务标准》在“全国团体标准信息平台”向全国公告发布，这标志着中国首部小镇服务团体标准正式发布，华中集团的康养事业迈上了新台阶。华中集团旨在为康养服务产业制定一个科学、统一、借鉴性强的服务规范，为客户营造最好的康养度假质量标准和示范性品牌，打造国际化的康养度假环境，让高品质的康养服务理念响遍全球。相信华中小镇的康养服务产业将为中国康养小镇的发展起到支持、引导和示范作用。

作为《国际康养小镇服务标准》的首席践行基地，华中小镇关注人的健康，建立健康生活文明，倡导具有大爱精神的人文价值观，被业内外广泛认可，成为康养产业发展的标杆和示范。华中小镇以《国际康养小镇服务标准》为章，以“敬”为核心的深厚服务文化，涵盖了应有的人文尊重，以及热情的贴心服务，从精神和道德层面滋养着服务者与被服务者的身心健康。

一，投我以木瓜，报之以琼琚——敬之源

尊重乃敬之本意。《论语·雍也》中说：“夫仁者，己欲立而立人，己欲达而达人。能近取譬，可谓仁之方也已。”数千年中华智慧已然阐明

了“服务”的内在意义。我们处于不同的时空之中，扮演着不同的社会角色，每个人都渴望得到尊重和重视，但在这之前，我们首先要敬重他人。

华中小镇的服务文化，与中华民族传统文化“仁爱”的思想一脉相承，提炼出文化的根基——“五德”核心价值体系，即仁德、义德、礼德、智德、信德。小镇在五德文化的滋养下焕发出生机与活力，感染着每一个服务与被服务的灵魂。

仁德，是服务中的尊重文化。具体来说，就是对小镇的家人予以人格和精神上的尊重和理解，并外化为行为上的关爱和重视。华中小镇关注家人的内心世界，通过情感和文化的沉淀塑造独特的人文环境，使家人实现精神的升华。许多志同道合的人为实现不同的目标集聚到小镇，或是沉淀心灵，再度出发；或是洽谈事务，推杯换盏；或是与亲友同游，其乐融融……用心去感知家人的生活，用行动去满足家人的需求，也许是一句贴心的问候，也许是一杯温暖的姜茶，处处为家人伸一把手。心之所系，行之所致，我们希望与大家在小镇的每一次相遇，都充满惊喜与感动。

义德，是服务中的责任文化。责任心就是关心别人，关心整个社会。有了责任心，生活就有了真正的意义。我们对每一位到小镇体验的家人负责，让他们心有所期而来，满载希望与快乐而归。我们更要对提供的每一项服务和每一个产品负责，从温润身心的珍稀高山矿泉到传承古老中医精髓的上工养生疗法，均取法自然，守道原真；从田间的生态食材到餐桌的康养佳肴，均精挑细选，用心烩就；从每一间整洁的客房到专业化的会议流程，都一丝不苟，精益求精。利字之前，义字当先，要承担起对社会的责任，秉持绿色可持续发展的理念，播撒对人文的关怀、对自然的关爱，以华中小镇为本体，创造更多的幸福，源源不断地滋养我们赖以成长的土壤。

礼德，是服务中的阳光文化，讲求实现人与人、人与健康、小镇与社会之间的友好、和谐。《论语•颜渊》中，子夏曰："君子敬而无失，与人恭而有礼。"敬是人内心的一种端庄，一种正直所表现出来的态度。一个人如果能够得到大家的尊敬，那么再去做一些事情，就会少一点失误；一个人与别人共事的时候，保持着一种恭敬和彬彬有礼的态度，是对他人发自内心的尊重。我们应怀揣着一颗简单、明朗、阳光的服务之心，行走在华中小镇，内心坦然地接受工作和生活中的困难与遗憾，用广阔的胸怀接纳他人的失误，与他人互敬互爱。在小镇生活的人，常怀一颗感恩之心，与人亲近和友善，就会自然而然架起一座与家人心灵相通的桥梁，实现彼此的相互信赖。

智德，是服务中的创新文化。"穷则变，变则通，通则久"是《周易》中饱含变通的哲学。唯有不断变化，推陈出新，世间万物才能不受阻塞，才能实现长久发展。小镇从未停止求变的脚步，大到六大康养业态的创新、服务体系的升级，小到一砖一瓦的修葺、一草一木的保护，我们走过的每一寸土地都焕发着无穷的生命活力。

服务是鲜活的，也是具有生命力的，只有不断创新，才能使家人的体验感不断提升。创新文化也是老子文化理念的精髓，“道生一，一生二，二生三，三生万物”，“生”即是创造新事物的另一种表达方式。只有时时处于一种革新的状态，适应形势的变化，才能不断向前发展。只有对工作充满热爱，对自我价值有清晰的认知，才能不断激发创新意识和才能，才能通过朴实与用心的付出，实现对品质坚持不懈的追求，产生层出不穷的服务创新。这也是华中小镇创业精神和时代精神在服务中的集中展现，是令家人获得惊喜感动和新奇快乐体验的动力支撑。

信德，是服务中的诚信文化。数千年文化长河大浪淘尽，“诚信”二字始终熠熠生辉。作为儒家文化的精义所在，孔子将“信”字奉为圭臬，从立身之道到安邦治国，从内心世界的坚定遵循到知行合一的行动展现，都离不开“信”。“内诚于心，外信于人。”华中小镇，从奠基那一刻起就深深扎根于诚信。180 天，华中小镇从一片荒芜的土地变成凝聚汉唐雄风的宏伟建筑，1500 公斤青铜铸鼎立言，用行动在向世人诉说着华中小镇“诚信”二字的力量。诚信是无坚不摧的，同时又散发着柔美的光芒，刚柔相济。“只为振兴乡村，创造美好生活”，这一句承诺，恰似小镇的服务宣言，穿透了时间与空间，跨越了国籍与语言，守候着来自家人的每一份期待与需要。

二，有椒其馨，胡考之宁——敬之本

服务乃敬之体现。小镇提供热情的贴心服务，带给家人幸福安康的生活。热情是一种积极向上的姿态，是出于对自己所从事工作最纯粹的热爱，是对自身价值充分的肯定，是对家人深切的理解。视客人为家人，才能细心察觉到客人的需求，以发自内心的满腔热情去提供贴心周到的服务。小镇的服务依托于珍稀的高山温泉资源、健康医养资源，遵循自然生长之道，创造独特的康养体验。

酒店接待服务文化

提到华中小镇，人们脑海中会浮现怎样的场景？是传承小镇品质的千人服务团队，是气势恢宏的汉唐古风建筑，还是那触动人心底最柔软部分的温暖笑容？

一句句饱含深情的留言将时光拉回至2016年金秋，当时正值河北省首届旅游产业发展大会，其规格之高堪称保定旅游接待之最，来自30多个国家和地区的数百位国际友人、上千位国内嘉宾入住小镇。

中国大大小小的酒店我住过很多，对你们的服务最满意，过段时间我一定还会带着团队来这里度假！

——新加坡籍国际友人

你们度假区的环境和设施非常优秀，你们的餐饮真的让我非常惊喜，这是一次很棒的体验，希望我们未来可以一起合作。

——保加利亚籍国际友人

这里的酒店大堂很宽敞、很漂亮，房间布置很舒适，尤其是酒店的服务很贴心，让我感觉很温暖。

——欧洲籍国际友人

我一来到这里，就体会到了浓浓的中国风情，感受到了中国传统美学的魅力，我非常陶醉。

——非洲籍国际友人

我们住在这里，有太多的细节让人感动，人性化的灯光设计，各种型号的充电设施，就连小小的矿泉水都展现着五星级服务标准，真是令人无法想象。

——国际会务组工作人员

大家丝毫不吝惜赞美之词，甚至有国际友人特意在小镇多停留一天，为了感受不一样的度假，临走时还亲笔写下了感谢信。

一千多个日日夜夜过去了，美好仍在发生，华中小镇以无微不至的关怀和照料，为客人提供足够放心、舒心的个性化康养服务，创造出无数惊喜与感动。

华中小镇的一名名普通的服务员，在她们的记事本上，记载着一件件温馨的故事。

日记一：那天，酒店里入住的是一批参加课程培训的客人，他们一整天的行程很紧张。收拾房间时，我想到房务部有养生的金丝黄菊，其能够清肝明目，舒缓精神，还有抗辐射、抗氧化的作用。于是，我将其拿给客人，希望一杯金丝黄菊，能带走客人的疲惫。

日记二：那天天气不太好，窗外雷雨交加，风卷起地面落叶，一窗之隔的大堂里，却是一片温暖祥和。一位客人小跑几步进了大堂，向我们走了过来。她露出明朗的笑容，看来天气丝毫没有影响她的心情，我们愉快地寒暄了几句。在交谈中，她虽然在极力控制，但我还是能感觉到她可能感染了风寒。于是我询问了她的房间号码，到吧台煮了一杯红糖姜茶送到了她的房间。当打开房门看到她瞬间充满惊喜的表情时，我觉得一切都是值得的。

这样美好的瞬间，每天都在发生，看到这些文字仿佛看到了一张张幸福的笑脸，这大概就是每位小镇人的初心。在小镇，以顾客为导向的亲情服务，将人与人之间的距离无限拉近。视客人如亲人，待客人如家人，以最自然、真实的感情对待客人，往往能够成就最优质的服务，使客人在小镇的旅程不仅是吃了几顿丰盛的晚宴，住了几晚奢华的房间，更是一段又一段难忘的经历，一幕又一幕温暖的画面。语言是情感传达的桥梁，亲情并不都是惊天动地的，仅仅是发自内心的一声问候，也是打动人心的源泉。

不仅是日记，曾经有一段客户的对话，也彰显了小镇的暖心。

一位9岁的女孩对母亲说："妈妈，下次我还要来这座小镇玩。"母亲问："为什么？"女孩说："我走在小镇里，每一位遇见我的服务员阿姨都主动向我微笑着说'你好'，我的心里暖暖的，感觉自己特别受尊敬。"

……

这样的故事还有很多，细微之处见真情，回想生活中的点滴，最能打动他人和被他人打动的往往是一些小的细节。站在顾客的立场去思考问题，能了解顾客的内心需求。服务中的"标准化"能够令人满意，"个性化"却能令人惊喜，"亲情化"才是开启人心的那把钥匙。这是我们对于服务精神的信仰。

华中小镇要想实现最优质的服务，最重要的一点就是永远不对客人说"不"，看似很简单的一个字，却需要有如家人般的包容和理解。每个人因为不同的价值观、不同的成长环境、不同的人生际遇，形成了不同的性格特征，并通过不同的方式表达出来。每一位来到小镇的家人，都渴望获得尊重和享受舒适的生活，而这也恰恰是我们期望带给每一位家人的。时时处处动之以情，想家人所想，急家人所急，用亲情交换亲情，信任才能由此蔓延开来。

任何一份情感都不是凭空产生的，它一定有肥沃的土壤、充足的阳光和水源，小镇人与客人之间的"亲情"种子能够茁壮成长，得益于被形象地称为“倒三角”的理论。在“倒三角”服务体系中，上级为下级服务，二线为一线服务，上工序为下工序服务，全员为客人服务。所有员工在无法满足客人的需求时，或者听到、看到、感受到顾客的不满、投诉时，要在最短时间内逐级向上级反馈，直至总经理，决不让客人带着不悦或遗憾离开小镇。在这样的环境下，尊重客人是得到肯定的，是值得鼓励的，因此人人都积极主动地为客人提供优质服务，满足客人需求。

华中小镇不仅提供亲情般的服务，在酒店硬件配套设施上，也是处处彰显尊贵。

华中小镇的客房，硬件设施全部选用国内非常优秀的高端品牌，家具饰品绿色环保，床垫和布草按人体工程学原理精心选购，既保障客人住得安心舒适，又有助于客人的睡眠。同时，酒店可为客房提供水果和干果，配备多功能插座、充电器，送上亲笔问候信，用服务细节展现亲情文化。

华中小镇的精品自助餐，汇聚中餐、西餐、料理以及涞源特色地方美食，还搭配各种精致甜点、小吃等，全部食材保证绿色无公害，满足不同年龄、不同口味客人的健康饮食需求，且全部菜品无断档充足供应。餐厅各个服务领域职责明确，保证每位客人尽情享受美食的同时，还能拥有温馨、舒适的用餐环境。

华中小镇的会议场所，配置先进完善的会议视听设备，提供全程跟踪的专业服务团队，全方位满足大型商务会议、高端论坛、商务拓展、团队培训等各类商务文化需求，为客户打造高端商务场所。

以《国际康养小镇服务标准》为依托，华中小镇又详细制定了《服务标准手册细则》，对数百个岗位的工作程序与标准进行了梳理，建立了约 8 万字的制度手册，明确了从客户预定到客户离店再到客户回访等全过程各环节的服务规范。作为员工基本服务规范，该手册要求员工必须严格遵守规定，精心提高康养服务的竞争力。文化理念需要制度、标准的支撑，华中小镇将“亲情服务”和“用心服务”标准化，用明确清晰的标准，指导每一位员工持续为客人创造惊喜与感动，提供属于华中小镇的“个性服务”。

同时，小镇还制定了《产品标准手册细则》，要求每名员工都要成为“生活服务专家”和“度假康养产品专家”，对小镇的各项产品、配套设施等都要全面了解，在与客户接触的每个环节都能给予专业服务和专业解说。

小镇温泉养生服务文化

“有疾疠兮，温泉汩兮。”白桦林温泉谷，以中医药浴为特色，以高山康养为主题，打造闻名全国的药浴三十二汤。小镇甄选涞源地道中草药材，精心熬制特色汤药，一汤一方，呵护健康。根据人的健康需求，设置了适合九大体质的泡池，即益气浴、甘露浴、利湿浴、活血浴、滋阴浴、扶阳浴、纤体浴、原汤浴、疏肝浴；室外温泉打造十七个特色养生泡池，如清心安神汤、益肾养阴汤、化湿健脾汤、通经活络汤、抗皱驻颜汤等有益五脏、美白润肤、疗愈身心的泡池；VIP 浴区以灵芝、人参、冬虫夏草等名贵药材为主，打造六大药浴泡池，以达到固本扶正、补益强身的功效，同时设多种特色功能型理疗产品，如高温汗蒸、芬兰浴、土耳其浴、盐雾浴、砭石房、石板房等；另开设高温瑜伽、空中瑜伽等多种专业瑜伽课程，打造“温泉 + 瑜伽”康养之旅，使客人舒展身心，乐享生活。

白桦林温泉谷以“中华温泉养生文化”为内涵，将“龙脉温泉，健康享受”的文化诉求融入产品，不单是因为产品体现了皇家气息，更是因为在产品之外，小镇人通过专业的、全方位的细致服务，为客人提供皇家式体验，使客人尽享尊贵。从温馨的服务接待到独特的沐浴体验，从细致的产品享受到真切的人文关怀，小镇人在每一个环节都用尽心思，构成细致的全方位立体式服务，彰显客人尊贵的地位。构筑全面的奢华体验，衬托不同凡响的气度涵养，这是服务最本质的内涵。

“一袭汉服襦裙，一曲帝后江山。”温泉谷独有的加汤仪式，唯美如画。加汤美人款款走来，眉如墨画，唇若点樱，衣袂飘然。水流音韵，缓缓加入汤池，小镇人感喟天地之馈赠，祝祷嘉宾之福康。

小镇医养服务文化

自古至今，长寿都是上至帝王将相下至黎民百姓孜孜不倦的追求和美好希冀。小镇以《黄帝内经》中“圣人不治已病治未病，不治已乱治未乱”的思想为理论基础，普惠世人。“未病先防”的养生之道要求我们法于阴阳，和于术数，饮食有节，起居有常，不妄作劳；还要遵循天地之间的运行规律，保持阴阳谐和；饮食合乎体质，顺应瓜果成熟的自然规律，起居作息与日运动节律相符，不过度劳累，调养精气，使身体和精神保持愉悦，从而感悟养生的乐趣。小镇秉承着创造美好生活的初心，传承中医文化，探索实现健康生活的奥秘。同时，运用中医养生疗法、生命科学自然疗法，在极佳的富氧森林健康养疗环境中，引导每位客人去觉知自己的内心，实现与天地自然的共融，尽情放松，体验宁静安舒的“天人合一”之境，启动内在细胞能量，让生命更加健康、自在、充满活力，这样一来，触发病痛的因素也就自然而然地消失了。

华中小镇构建的“大中医养疗体系”，提供健康检测、药膳食疗、中医理疗、温泉药浴、泰式养疗、中医美容等全方位养生服务。

小镇引入先进的经络检测设备、电子生化检测仪等，使客人全面了解身体状况及健康情况，并为每位客人量身定制个性化调理方案，进而针对性地施以养疗服务。小镇以“五谷为养、五果为助、五畜为益、五菜为充”的原则，搭建绿色营养膳食体系，坚持以食为养，应用中医食疗理论，调配五谷食疗配方，精准补充人体所需的微量元素，调理人体气血，使人体阴阳平衡。同时，小镇融贯中西医学文化，博采内外专长，推出独家的特色温灸理疗、疏经推拿、药浴熏蒸、古法焕颜、泰国古式按摩等多项服务项目，以健康生活为基础，以美好生活为愿望，使小镇的客人得到物质生活和精神生活双重的满足，体验不一样的精彩人生。

小镇立足客户健康管理，以治未病为核心，针对慢性病、职业病高危人群提供健康体检、健康风险评估、健康咨询和健康干预服务，打造集中医诊疗、健康体检、亚健康管控、慢病调理、营养膳食、美容抗衰、心理咨询、运动康复等功能于一体的全方位健康管理服务方式。

小镇面向业主、游客以及需要阶段性养疗的亚健康人群，提供基础诊疗、中医诊疗、家庭医生、康复护理等健康服务。计划开设内科、外科、检测、康复等专科，为人们提供常见病、多发病的诊断、治疗服务；开设中医专家门诊，提供面诊、开方、针灸、正骨推拿等中医药养疗服务。

小镇还提供家庭医生签约服务，为住在小镇的人提供家庭医生 24 小时值守、上门诊治、中老年慢性病管理、儿童用药管理、老年人用药管理等定制化服务。

华中小镇搭建了“互联网 + 医疗”平台，对接重点医院资源，实现了线上诊疗服务。同时，针对重病、大病客人提供绿色通道就诊服务，全面满足客人健康管理、未病预防、小病治疗、重病转诊、大病专家咨询、急病救援、病愈康复管理等医养需求。

此外，为健全小镇生命健康保障体系，小镇为客人提供高效、及时、便捷的空中救援、急救与绿色通道转运服务，在小镇周边形成“空中 120+地面 120”1 小时救援网络，打通生命航线。

小镇健康物业服务文化

在华中小镇，有这样一群人，他们被亲切地称为“可爱的大管家”。工作繁忙，不能及时赶回家安置家居；人在外地，无法办理燃气卡；即将入住，还没有检查室内燃气、修理水龙头……一次次燃眉之急，在他们手中变成一次次感动与惊喜；一句句发自肺腑的称赞，从字里行间透露着邻里温情。“没关系，我能解决”，这是每位小镇物业服务人员最朴实的座右铭，也是最温暖人心的坚定承诺。

为提升华中小镇居民的生活质量，营造更舒适、更便捷的健康居住体验，小镇物业服务人员，深度构建亲情化、一站式的客服管家服务，全面提升居民生活品质。如家政清洁服务、户内日常工程维修服务、家庭绿化植物养护服务、医疗救助服务、客户不在小镇期间的房屋托管维护服务等，全维度涵盖到居民生活的各个方面，用一份大爱之心，全力帮助居民解决小镇日常生活中遇到的各种困扰。

以始为终，从匠心建筑到美好人居，不变的是创造美好生活的初心。从物业服务到人文关怀，小镇实现了由传统“物”的管理向“人”的服务的转变。小镇人用大爱之心建设小镇、守护小镇，将暖心的关怀和贴心的服务倾注到每一个家庭、每一个角落。“可爱的大管家”作为小镇中人与人之间的黏合剂，力图打造以人为本、邻里亲和友善、环境和谐文明、传递善美之心的人本精神浓郁的特色小镇，使家人每天的生活能够放心、安心、舒心、暖心。

三，显允君子，莫不令德——敬之人

人本乃敬之根蒂。“敬”，还代表着人文尊重、人本关怀。儒、佛、道，中国传统文化的精华所在，其思想的核心都可归为“以人为本”。儒家认为“三才者，天地人”，人与天地同等重要。佛家虽认为“众生平等”，但“人非天地不生，天地非人不灵”也可表明人在天地之间具有非常重要的地位。道家虽主张人法自然，但也强调人在自然中的重要地位。人是感受服务的主体，同样也是提供服务的主体，实现人的价值是小镇的核心所在。小镇奉行客户价值观和员工价值观，用真心去关注和呵护每一位客户，让每位客户都能在小镇收获良好的体验；同时，关注员工、重视员工、尊重员工、珍爱员工，让优秀人才在小镇能够有施展才能的舞台。

在服务实践中，华中小镇坚持“以人为本”的服务真谛，表现为客户价值观和员工价值观，这是德文化在小镇服务层面的体现。在与客人每一次交往中，一张张舒展的笑脸令客人如沐春风；在员工的相互关切中，情感的魅力彰显无疑。对于建筑，小镇人通过审美与情感营造出令身心舒适的环境；对于客人，小镇人将亲情融入服务，使客人获得心灵的充实和满足；对于员工，小镇人将厚爱倾注于员工成长进步的关照之上，这些无不是定格于一个“和”字。

尊重客户的价值，体现在时刻关注客户需求，充分满足客户需求。只有创造客户关注、喜欢并愿意体验的产品和服务，才是小镇所有经营和管理的价值所在。每一位员工都是小镇的主人翁，小镇是一个充满归属感的大家庭，推开门，每一位员工就像到了自己家一样安心舒适。我们像对待自己的家人一样对待每一位客人，交付真心、细心与关心。当客人说“不”时，我们就会下意识去想，他需要的是什么；当客人有特殊的需求时，我们就会洞察他的每个动作、每个表情，与他的需求相碰撞，努力为他创造惊喜；当客人遇到难处时，我们就会伸出坚定的双手，帮助客人解决难题。于是服务不仅仅只是服务，而是成为一种信仰，我们在设身处地为客人着想的时候，感受到的是自我价值的实现。

员工价值观与客户价值观相辅相成，员工是践行客户价值观的核心群体，小镇的文化也正是通过员工的服务传递给客户的，只有充分尊重员工，尊重其劳动、智慧、创造，才能把员工价值观转换为客户价值观。孔子的弟子樊迟问孔子什么是仁。孔子说：“仁者爱人。”若想怀有一颗仁爱之心对待客人，首先自身要感受到什么是爱，然后才能懂得如何去爱人。小镇倡导管理者积极主动地为员工提供温馨的服务，如在生活中关心，精神上关怀，工作中鼓励，生病时照顾，困难时帮助，像家人一样给予员工关爱，留住员工的心，员工才会对如何爱人有更深的感悟，才会心中充满阳光地对待小镇的每一位客人。

上善若水，大爱无言。华中小镇的服务文化，既传承中华“和”文化之精华，又恰似春风化雨，细致入微而又幻化无形。它是最质朴的存在，是最舒适的相处，恪守着对人格精神的尊重，实现心与心之间的情感通达。

第六章 人心归向 花好月圆

生活文化篇

SHENGHUO WENHUA

但愿人长久，
千里共婵娟。

白石山居颂

赵建棠

绿渡燕北春报晓，霞洒白石万点金。

晴晨放歌人未老，抚琴耕墨品余生。

初霞微露，珠帘漫卷，一袭锦翠凉城的斑斓轻挽清晨脱俗的气韵。此时此刻，年逾七旬的老人极目远方，似是超然物外，却亦化为古境中的诗人。当苍翠欲滴的绿意在燕北之地悄然晕开，仿佛上苍调和的颜墨赋予白石山居破晓的笔触；天边朝霞挥洒，似在为如画美景装点上万点碎金；引吭高歌的清晨流光里，歌者并未老去；伏案铺笺，研磨命笔，一盏红茗尽饮，跃然纸上者，正是那岁影年华的余生。

或雄姿英发，或老骥伏枥，安度于此，热忱如斯，当遇最美心境，恰似山居晨曦，光而不烈，柔而不弱，气定神闲，绵延远方。

这便是华中小镇的人生之境，欢乐，健康，幸福，归心，再出发。

一，从心出发，寻找乐土

“众鸟欣有托，吾亦爱吾庐。”我们终其一生都在找寻能让我们精神和心理都有依托的归所。那怎样的地方才能算是乐土呢？我们去旅行，或离开出生地，到求学地，到工作地……从一个异乡到另一个他乡。即使不曾离开出生地，也会心生茫然，到底哪里才是心的乐土？正如三毛那句名言：心若没有栖息的地方，到哪都是在流浪。

于是，我们找到了这里。

择圃一隅，临溪而居。白石山脚下，华中小镇的美好生活，从城市到原乡，开启了都市人幸福的原乡归心旅程。

这里有自由而潇洒、朴素且丰富的心境。“一方院，两亩田，三餐足，四季暖”，人们在有品质的健康生活中追求更高、更贴近自然的精神享受，在中式建筑和园林中参悟逍遥不拘、敦儒谦恭、天人合一的思想奥妙。

“山不在高，有仙则名。水不在深，有龙则灵。”来到小镇，是功成名就的归隐，更是追求自我实现、自我超越的再出发。志同道合的追梦人，在华中小镇静下心来，沉淀心灵，谋划人生，思考生命的意义和生命的价值，继续为社会做贡献。我们超越世俗，达到一种与世无争的崇高境界，这就是华中小镇的“道性和情怀”。

来到小镇，人们在公平、公正与恬静的生活环境中，寻回久违的归属感与大山给予的厚重安全感。境由心生，意由心长。华中小镇，贵在求和。与天求和，吸宇宙之精华；与地求和，纳大地之滋养；与人求和，融众人之智慧。然复归亦归心，归心亦归本，归本即回归山水田园，这便是我们文化的根。

在时间的长河中，初心愈发明确，华中小镇集合健康人居、健康养疗、健康文旅、健康农业、健康运动、健康服务六大产业，全方位满足客人的“十项美好生活需求”，即五项生理需求，包括衣、食、住、卧、行，以及五项精神需求，包括学、友、娱、养、情。

二，欢乐之光，照进生活的日常

在华中小镇，我们重拾生活的本来面貌，回归简单而又快乐的生活方式。这是一种根植于传统，又迎接未来的生活方式图景，有着物质生活的从容余裕，也有着情感生活的亲密丰沛。春的生机、夏的清爽、秋的诗意、冬的静谧，构成了五彩缤纷的生活，人们遵循着四季韵律去寻觅快乐本源。

焕发的小镇
春日迟迟，每一寸都是生机

春天，一个万物复苏的季节，冰雪在暖阳中一点点融化，空气中弥漫着浪漫而充满生机的味道。小镇的每一处田园都风景迷人，杏林飘香，花正妖娆。约上同道好友，来到华中诗社，赴一场诗会雅集，青山常在，佳句千篇，唯有壮美清丽的诗句能表达此刻的情志。春天亦是播种的季节，带着孩童，亲手种下希望的种子，悉心浇灌，体验一日小农夫的乐趣。草长莺飞，在广袤的草地上，扯着风筝线尽情奔跑，满是孩子银铃般的笑声。

传承的小镇
人潮人涌，每一刻都是经典

传统节日，经千百年传承，已内化于人们心中。在这座充满情怀的华中小镇中，自然将欢乐加持。五一期间，龙飞凤舞风筝节、百渡食府美食节、亲子田园春耕节等演绎全新的生活方式；端午时，人们赛龙舟、赏花灯、包福粽、做香囊，汲取优秀传统文化养分。

清爽的小镇
夏季狂欢，每一天都是惊喜

时至夏日，周边炎暑难耐，令人心情烦闷，唯有这里清爽宜人。恰逢暑假，我们可以带着全家来小镇避暑，享受一种与世无争的悠闲时光。置身于82%植被覆盖率的郁郁葱葱之中，饮用着天然矿质冷泉，感悟雀儿林原生态的淳朴风情，品尝着夏季特色养生菜与花园啤酒烧烤，让舒适的夏天、康养的夏天、优雅的夏天在这里将幸福蔓延。在小镇，孩子们的暑假生活会更加充实。这里有星空游泳馆与热带雨林馆的水上乐趣、篮球羽毛球冠军夏令营的运动狂欢、果树园采摘与花海露营的心灵放飞，更有充满教育意义的成人礼与红色之旅，可以让孩子们体会各式各样的仪式感。小镇的房车营地，专注于打造全新的休闲度假方式，创新性地提供多样化、个性化度假选择，营造出一种休闲、品质、轻奢的原乡幸福感。

诗意的小镇
花好月圆，每一处皆有诗意

明月高悬，人团圆。小镇的中秋生活，既追求幸福团圆的家庭温情，又追求豪放、乐观、旷达的人生境界。人们或是举杯畅谈，或是尽情舞蹈，在温情脉脉的月圆之夜，彰显对明月的向往之情。手执团扇，品尝月饼，阖家赏月，共同欣赏着小镇独有的汉舞、汉汤、汉礼文化，让花好月更圆，家和万事兴。此情此景，唯有吟一句：“但愿人长久，千里共婵娟。”

圆梦的小镇
启门大典，每一幕都彰显盛世

每一位小镇家人的心中，都怀揣着一颗自豪的中华梦。华中小镇，秉持着文化传承者的历史重任，以汉唐之礼，书写盛世华章，以辉煌的建设成就，为祖国献礼。小镇“盛世弘开”启门迎宾大典，传汉唐礼制，以《周礼》《仪礼》《礼记》为考据，集礼乐文化、美食文化、康养文化于一体，上演了一场由数百名华中员工参与的颇具艺术观赏性的大型室外音乐剧。甲胄之士士气昂扬，迎宾礼官冠冕加身，端庄仕女执宫灯缓步走来，左主右宾，恭而有礼，将中华民族礼仪之邦、美食之邦、衣礼之邦的历史文脉淋漓传承。

新春的小镇
张灯结彩，每一盏都是乡愁

一到过年，让人怀念的永远是那浓浓的年味儿。华中小镇的春节，不仅是家人的团聚，更是与原乡的重逢。小镇的工作人员与家人们齐上阵，共同营造浓浓的年味儿。一场接一场的春节民俗活动，在锣鼓声和唢呐声中火爆上演，让每一位小镇家人，品味最中国、最正宗、最有味、最梦幻、最幸福的新春盛宴，享受着太行乡情与乡音带来的人生幸福。

活动充盈着生活，文化熏染着身心。华中小镇的魅力在于去浮华之装饰，存优美之姿态，探索柴米油盐中的诗歌、平淡中的诗情画意、凝结在器物中的时光。点滴的快乐，就在身边。

三，健康领航，天然颐养之乐

健康领航，颐养之乐。在“健康中国”战略指导下，华中小镇以《“健康中国 2030”规划纲要》为指南，以“人的健康”为核心，坚持预防为主，倡导健康文明的生活方式。小镇依托稀缺的天然康养资源、特色健康养疗服务、全龄全时健康运动项目、全营养绿色健康食品供应，构建健康服务体系，提供健康养疗系列产品，奏响山谷间的康养序曲。

生态康养——天然疗养胜地

华中小镇深居 860 米高山盆地，依托原有的生态景观进行科学选址，毗邻世界地质公园、国家 AAAAA 级景区白石山，夏季平均气温 21.7 ℃，是久负盛名的京西“避暑凉城”。原生的太行山体，古树繁茂的自然森林，瓜果香甜的生态田园，围合而成小镇天然的生态屏障，使小镇成为京津冀避霾的天选之地。

小镇周边分布着 1866 公顷原始森林，森林覆盖率达 82%，空气中负氧离子含量可达每立方厘米 20 000—60 000 个。以休为养，久居城市的人们在此可实现森林瑜伽、森林 SPA、森林养生、泉谷疗养，从而清心换肺，休养生息，享受美妙的绿氧时光。

这些天然优势，均是上天的恩赐，让华中小镇成为得天独厚的度假净土。

双泉滋养——健康长寿源泉

“一池热泉，天地人同醉。”华中小镇引地下 2000 米优质矿物温泉，打造白桦林温泉谷，温泉水质极佳，是不可多得的养生佳品。汩汩温泉，氤氲弥漫。置身暖泉之中，仰望满天星斗，可以唤起人们内心深处最惬意的人生情怀。在小镇泡温泉，汉汤、汉服、汉礼的文化气息无处不在，上工草堂的康养理念无时不在。

“一泓冷泉，身与心同清。”小镇的冷泉采用涞源当地800米深处的天然矿泉水，深层含水层水质基本不受季节影响。涞源地处山区，远离污染，天然高山泉水渗透地下，经过层层过滤，形成弱碱性天然矿泉水，富含钙、镁、钾等丰富的矿物质元素，因此，每一股泉水都是自然对人类的珍贵馈赠。

健康医养——人居健康福地

上工草堂生命养护中心，融合中医养生智慧，聚合健康检测、科技食疗、中医理疗、温泉药浴、古法焕颜、泰式养疗六大养生服务及各界康养名医，为亚健康人群、慢病患者及病后康复高端客群，量身定制个性化养疗方案，打造国际康养小镇服务品质典范。

绿色食品——营养直达餐桌

采薇园，是华中小镇匠心营造的幸福果蔬园，这里集农耕体验、休闲采摘、科普观光、无动力亲子游乐、绿色产品供应于一体，带领都市中的人们，去寻觅原乡的幸福感。在这里，有与历史对话的磨盘小路、气息古朴的夯土墙、历史悠久的老古井，更有清澈甘甜的山泉水灌溉的瓜果蔬菜。果蔬满目青翠，就连夹带着泉水的空气也是甜丝丝的，令人们顿时感到自己融入了大美的天地之间。

采薇园的土壤经中国农科院调研，确认为无污染优质土壤。因为小镇所在地具有雨热同期的天然优势，年平均降水量约 533.1 毫米，全年日照时数超 2900 小时，所以土壤中的营养成分能够充分累积于土壤之中。

食养正气，药食同源。华中小镇推出的特色“二十四节气养生菜”已成为康养招牌。小镇根据四季气候变化对人体肺腑和气血的影响，依托上工草堂食疗养生法，采用新鲜的食材，锁住营养成分，烹饪出独特的健康美食。

全面合理的膳食营养，才能维持人体的健康。华中小镇采薇园，以“五菜为充、五果为助、五谷为养、五畜为益”为全营养绿色健康食品体系，以绿色标准进行过程管理，为小镇客户及业主供应健康食材，打造大家心中的美好原乡。

五菜为充——生态的精华，原乡的口感

小镇采薇园精选圣女果、水果苤蓝、散叶生菜、豆角、土豆、花茄、贝贝南瓜、巨型南瓜、油菜、奶油白菜、茼蒿、葱、韭菜、胡萝卜、白萝卜、

娃娃菜、油麦菜、香菜等蔬菜品种，严格按绿色标准种植管理，保证其营养价值丰富，并根据节气对蔬菜进行养护，不催熟，不使用激素类药物。正是小镇人对自然和时序怀着不变的信任和尊重，才使得蔬菜在阳光雨露中得到滋养，产生令人惊艳的味道。

五果为助——上天的馈赠，领鲜的味道

小镇采薇园精选富士苹果、国光苹果、梨、黄金蟠桃、木瓜杏等优质果树品种，这些水果富含维生素 B、维生素 C 及钙、磷、钾、铁等营养成分，成为小镇客户自然的健康礼物。

在河北农业大学孙建设教授的指导下，采薇园落地以色列水肥一体化智能滴灌系统及日光温室、果树矮化密植等农业科技，让果实更为晶莹饱满、脆甜鲜艳。蔬菜严选荷兰进口种源和中国农科院所培育的优质种源，采用无土育苗、地膜覆盖等精细化管理方式，使每一颗菜苗在殷殷关怀下茁壮成长，富含丰富的营养素，散发朴素、鲜美的原乡气质。

硒是人体必需的微量元素，具有抗氧化、抗衰老、消除自由基、增强免疫力、修复受损细胞、防癌抗癌的功效，被称为“抗癌之王”“肝脏清道夫”“美容佳品”等。华中小镇与中国国际生态产业研究院合作，生产富硒、富锌等功能性绿色果蔬。经国家食品质量监督检验中心检测，采薇

园圣女果的硒含量为0.02mg/kg，生菜的硒含量为0.036mg/kg，符合《中国食品行业标准》中《天然富硒食品硒含量分类标准》要求（0.01—0.05mg/kg）。采薇园深入落地“涞源富硒产业基地”，将为小镇客户供应营养功能性健康农产品，实现食物真正的健康原乡味道。

五谷为养——健康的味道，美好的祝福

华中百岁大米，产自东北吉林大安千年纯净盐碱地的华中百岁米种植基地，口感香软、弹滑、甜糯。作为健康有机米，它蕴含着美好的寓意、美好的祝福，传承着浓浓的中国文化。

华中百岁小米，传承涞源六百年宫廷贡米文化，米粒金黄，煮食留香，鲜黏绵甜，温润滋养，富含丰富的蛋白质、维生素E、膳食纤维、铁、磷等营养元素，适宜老人、儿童、产妇、病人、亚健康人群长期食用。

五畜为益——醇正的风味，丰富的营养

小镇周边拥有特色养殖场。养殖场地处大山深处，养殖黑毛猪、小黄牛、乌骨鸡、太行鸡、黑山羊等，其以山上野果、野菜以及各种中药材为食，长时间自由采食，是真正的纯天然无公害肉质产品。同时，涞源柴鸡蛋味

道鲜美，营养丰富，口感细腻，令人回味无穷。

华中小镇遵循“天人合一、道法自然”的生态健康整体观，传承和弘扬“上工治未病”、药食同源的食疗养生文化，打造集中华文化、生态文明、生命智慧与现代科技于一体的，以采薇园为依托的全蔬食营养和药食同源食疗养生基地，为小镇客户的健康长寿保驾护航。

运动健身——健康长寿原动力

生命在于运动，华中小镇充分利用山谷、森林、高山等优质地理资源，构造全龄运动体系，开展丛林探险、星空露营、森林漫步、花海骑行、户外拓展等活动，让人们通过有氧养生运动，享受健康生活。

小镇依托蓝鲸休闲运动中心，健全篮球、羽毛球、网球、乒乓球、台球等球类运动健身体系。相继携手曾代表八一队荣获六届CBA总冠军的闫宇峰及羽毛球世界冠军龚伟杰共同打造“华中·随峰奔跑篮球俱乐部”“华中·伟杰骥羽羽毛球俱乐部”，组织开展青少年夏令营、冬令营活动。此外，充分利用高空组合拓展项目，不断提升青少年的“克服困难的勇气”“独立自主能力”“专注能力”“逻辑思维能力”“团队合作能力”五大综合素质，促进青少年全面发展。

艺术养心——精神丰盈之境

书画艺术是东方文化的独特艺术，是中国文化艺术最耀眼的光环之一。近40年来，华中集团始终致力于做中国书画事业的担当者，先后举办了百余场高水准艺术活动，邀请了数百位当代书画名家，让广大书画艺术爱好者感悟文化的新意，聆听艺术的新声。

华中小镇，将重新唤起书画艺术带给我们的民族自信。小镇让人文艺术生活融入细微肌理，不仅保存了那些渐行渐远的精致、和缓、温文尔雅的文化艺术风骨，还不断创新、突破、发展中华艺术之大成，形成了华中小镇独特的文化生活美学。居于此，用艺术点缀生活，用文化丰富心灵，心亦美哉！

书画巨匠，挥毫泼墨

小镇门口牌坊上的“华中小镇”四个字，由中国著名国画大师——陈佩秋先生亲自题写。感悟陈先生的书法作品，雅健清脱，与之绘画作品互成云蔚、相得益彰，此乃中国传统绘画通然一体、气息所贯之要旨。在“华中小镇”四个大字上，我们参悟到陈先生追求的一种艺术境界。这是一种蕴含着沉静恬淡气质的境界，彰显着一种气静神凝、意淡韵到之妙，让华中小镇的人文风骨和人文意境跃然纸上，曲尽其妙。

而另一位书画大师陈平教授，多次带领中央美院团队在华中小镇及太行漫谷进行写生创作，并触景生情，为小镇留下墨宝。他们用画笔记录着涞源的大美与小镇的生活，勾勒出艺术与自然的情境交融。

雪霁堂艺术中心，书画大雅之堂

这里是小镇打造的书画艺术中心，不仅在建筑上传承汉唐盛世的大气磅礴，还在装饰上彰显贵气，已经举办过众多名家书画展。我们可以进入展厅欣赏艺术品，感受这里独有的艺术气韵，伴着凉爽的田园气息，泼墨斗彩，以文会友，享受一种雅致的人文体验。

御书房，“最中国”的图书馆

华中小镇即将建成的“御书房”是一座包罗万象、集中华文化之大全的图书馆。这里以国学道德为平台，清晰地展现中华文化脉络，还主要展示以下两方面内容。

一是春秋诸子百家的成就，重点是儒、道、法、墨四大家。此四家存在文教法治的内在逻辑关系，宣传“德治”社会的文明和谐、相扶相生、家庭和谐、邻里相亲的道德伦理。

二是书法绘画等中华文化的主要艺术表现形式。按照商周、秦晋、汉唐、宋明清、民国等时期进行断代，御书房展示中国历代名家书法经典拓本、法帖、碑帖。

御书房，传承小镇之文脉，传播国学之经典，更引领小镇的读书文化，让书香生活蔚然成风。

御书房还是“华中书房文化”的根。秉承着这份深厚的文化底蕴，华中小镇致力于升级“人居室内环境”的文化生活体验。今后，在华中小镇，书房将成为每个家庭的“标配”。书房有三层境界可循：安身、静心、栖神。小镇倡导创造“潜心研读和修行的安静空间”，鼓励人们在书房安然而坐，读书万卷，即可在这隅天地里接轨世界，领略各种思想，让小镇生活成为我们心灵上的归宿。

中华传统艺术气息，已深深地融入了华中小镇的骨血。这里以艺术陶冶情操，以书画养心，将人们从“喧嚣的城市生活环境”中解救出来，从“压抑的工作环境”中解放出来，愈发展现人生的精彩活力。

四，仁里之文明，四海一家亲

五家为邻，五邻为里。

——《周礼》

亲仁善邻，国之宝也。

——《左传》

邻里间，相遇、相知是一种缘分。小镇的居民们来自不同的地方，年龄差异很大，爱好各有不同，但有一样是相同的，这就是我们都是龙的传人。我们有着共同的道德观和价值观，追求尊德尚礼、邻里相亲、万物相扶、尊老爱幼、勤俭持家、天人合一。

个体的善，共同的爱。一种新型的人际关系正在萌发并充满生机，一种温馨友好、积极向上、充满活力的社群文化正在悄悄充盈着这片土地，邻居在变成朋友，朋友在变成邻居。

人生之境，始于圈层。人们希望在知己的“宽广”中畅聊天地，在邻里的“宽博”中享受社群之乐，在境界的“宽大”中成为生活的主人。华中小镇以“普惠文化”为核心，围绕“九邻”理念，即“邻里·和”“邻里·诚”“邻里·暖”“邻里·亲”“邻里·帮”“邻里·乐”“邻里·学”“邻里·颂”“邻里·约”，缔造邻里文明，让小镇居民共享社会大爱。

邻里欢乐颂，有生活，有知己

因趣而聚，因聚而乐。作为独立的个体，只有搭建与邻里共同志趣的情感链接，才能找回有温度的邻里生活，回到人与人之间和谐相处的关系。现华中集团已成立社群近 30 余个，涉猎文化与运动的方方面面。

华中爱心社——爱心与奉献同在，温暖与大家同行。

华中诗社——以诗之名聚雅士、颂生活。

华中·随峰奔跑篮球俱乐部——冠军挂帅，激情燃烧；

篮球少年，逐梦青春。

华中足球社——快乐足球，绿茵点亮梦想。

华中游泳社——畅想生活，“泳”往直前。

华中读书汇——书香独韵，以文沁心。

华中亲子社——用爱陪伴，一同成长。

华中登山社——智者无畏，勇攀高峰。

华中合唱社——激情飞扬，筑梦高歌。

华中骑行社——魅力单车，“骑”乐无穷。

华中书画坊——山水盛景，墨韵飘香。

华中·伟杰骥羽羽毛球俱乐部——运动，“羽”我常在；

健康，“羽”你同行。

华中养生社——健康颐养，快乐生活。

华中舞蹈社——美好生活，舞才缤纷。

华中香道社——暗香溢情，静水流深。

华中摄影社——记录美好，诉说生活。

华中茶道社——共品茶香，共享人生。

华中手工坊——灵巧双手，编织传奇。

家居美学俱乐部——精品指南，美美与共。

华中油画苑——解锁艺术，静绘时光。

华中话剧社——戏如人生，以戏省人。

……

藏三代礼序，传淳朴家风

中华民族自古以农立国，以耕读传家，以“家庭和、家教优、家风正、家园美”为优秀传统的核心，“家文化”往往起着培育和践行儒家核心价值观的妙用。

《中庸》道：“和也者，天下之达道也。”家风正，则民风淳；民风淳，则社稷兴。在华中小镇，人们敬老、爱妻、亲子、睦邻、惜己，“和为贵”乃是家庭生活符号中最显著的标志之一，尽藏三代礼序。

敬老。“夫孝，德之本也，教之所由生也。”尊重长辈、孝敬父母，是华中小镇倡导的道德文化根基。

爱妻。妻子是一生的伴侣，也是组成家庭的重要成员。作为丈夫，摒弃古时的阶级传统，平衡家庭关系至关重要。

亲子。个人的生命是有限的，而家庭、家族的生命通过繁衍生息不断延续。良好的家庭环境是孩子成长的关键，科学的普世教育应从小入手。

睦邻。远亲不如近邻，和谐的邻里关系应秉承诚信、友好、和善的优良美德。在山居生活里，邻里之间应同心同德。

惜己。个人价值的实现才是人生的最终目标。在新时代家庭关系中，每个人都应努力奋进，实现个人价值，达到自我的满足，生活才能日益精彩。

人有人格，家有家风。家风，又称“门风”，是一个家庭或家族多年来形成的传统风气、风格和风尚，承载着一个家庭或家族的生活方式、生活态度、文化氛围、理念和价值观等。

家风的延续是通过家教实现的，系好人生第一粒扣子至关重要。在小镇内，良好的家风包含许多内容，如家训、家书等，在孩子成长过程中起到了关键性的作用。

丰富的社群节日，绘写高级的仪式感

高品质的文化与艺术活动让精神建筑成为产生幸福的场所。在小镇中，千余场社群活动，万余人参与其中。每一次邻里相聚，每一个温情拥抱，拉近的都是心与心的距离。小镇鼓励业主建立多种主题和形式的俱乐部社团，每个社团都由一名业主作为核心人物，充分发挥个人所长和兴趣，把一群志同道合的人组织到一起，以文化艺术活动，凝聚小镇居民的向心力，丰富小镇居民的精彩人生。

一年一度的小镇邻里节已成为传统。在这一天，大家从四面八方赶来，亲手包上一顿团圆饺子，拿出独家绝活，表演精彩才艺，在欢声笑语中，似乎总有说不完的话题。

“我们不是亲人，我们更胜亲人。”总有小镇的居民不禁称赞。在小镇社群中，生态、文明、共生的“普惠”文化不断充盈着点滴的幸福生活。随着人们价值观的不断和谐统一，社群的凝聚力越来越强，小镇居民进入幸福充盈的状态，让爱意自然延续。

五，田园归原乡，回梦少年时

采薇采薇，薇亦作止。曰归曰归，岁亦莫止。

——《小雅》

田园文化是中国人居本性的回归，是有别于物质文化、精神文化的另一支撑体系。田园文化的源头是农耕文化，追求安居乐业。华中小镇所打造的是追求本源的田园文化，并非简单的种花植树，而是通过引入现代农业科学技术，挖掘、展示田园文化的深层次内涵。

复行数十步，豁然开朗。土地平旷，屋舍俨然，有良田、美池、桑竹之属。阡陌交通，鸡犬相闻。其中往来种作，男女衣着，悉如外人。黄发垂髫，并怡然自乐。

——陶渊明《桃花源记》

中国人的田园乡情，融入每个人的血液里。华中绿谷现代农业园，已奏响新时代的田园牧歌。一分田，一锄头，撒下希望的种子，收获成熟的喜悦。闲暇时，摘一篮还挂着露珠的果蔬，简单地烹饪后，一家人围桌而坐，满堂欢喜。

见·山水如梦

“晨兴理荒秽，带月荷锄归。”千百年来，我们通过气候、阳光、风雨、盛放的花朵、清脆的鸟鸣等事物感知自然更替的气息，推算农时，耕种收获，寄情山水，寻觅乡情。

而今，初遇凉城，多得一日春。涞源因所处地形地势，与城里是错季的，花期晚于城里一个月左右。四月伊始，梅花、玉兰和桃花逐渐孕育花苞，遇上流连的雪，在季节碰撞中用色彩狂欢；四月中下旬，杜鹃花才开满山谷；五月下旬，牡丹开始竞相盛放；而六月，则是金银木烂漫芬芳的最佳时节。

往复期间，“四时之景不同，而乐亦无穷也”。春见山容，百花争艳，杏花犹俏；夏闻山气，清冽宜人，蝉鸣蛙叫；秋寻山情，层林尽染，果蔬飘香；冬望山谷，六角玲花，洋洋洒洒。一幅四季变换、禅意流动的唯美画卷动人心弦！

白石山居·春

白石山樵

四月南风起，驱车进山来。
阶前草初绿，庭中花半开。

白石山居·夏

白石山樵

小窗含远翠，黛瓦接晚晴。
好风凉如水，无梦到天明。

白石山居·秋

白石山樵

清晨荷锄去，躬耕半亩园。
邀邻相对饮，有味是清欢。

白石山居·冬

白石山樵

城里霾愈重，山中气却清。
雪后泉亦暖，夜来满天星。

这四首小诗，不仅是白石山居“幸福人居”之梦境，更是采薇园“田园于心、山水如梦”之美境。

形·表里归一

“仲夏苦夜短，开轩纳微凉。”华中小镇21.7 ℃的田园意趣，在于山间恰到好处的自然清爽。伴着蝉鸣一曲，消闲雅静，更多了一分悠旷之情。

小扣柴扉，赴一场采薇田园之约。满园的蔬菜，郁郁葱葱，尽情伸展着绿色的腰肢，它们像流淌在夏日里的小溪，荡漾着斑斓光彩。贴心的小镇服务人员采摘晶莹饱满的圣女果、翠绿的茴香韭菜、鲜嫩的豆角等蔬菜，并将其作为华中小镇珍贵的原乡礼物，送入白石山居业主家中，为小镇家人们送上了一份健康与惬意。

品尝过采薇园的蔬菜后，小镇家人们都赞不绝口：

收到工作人员送来的新鲜蔬菜了！今后终于能随时吃上咱们小镇自己种的蔬菜了，这是我们全家想要的田园生活。

我们也收到了，小镇的蔬菜百分之百无污染，口感清清爽爽，孩子非常喜欢吃！

这便是田园耕读与诗意栖居的完美结合。依托现代农业科技与涞源农业资源禀赋，华中绿谷现代农业园区规划智慧农业区、田园养心区、健康养生区和花海养趣区四大版块，打造智能温室集群、农耕文化体验园、药食同源花海、星空露营、萌宠乐园、无动力乐园等多项业态，实现农业科技示范、休闲观光、绿色果蔬采摘、亲子农业科普研学、康养农产品供应等功能于一体的乡村田园新体验。

觅·宁静养气

在华中小镇的山居小院里住上一段时间，熟悉的蝉鸣，总能让你回忆起童年的生活：到自家的瓜地，摘两个大西瓜，将其泡在清凉的井水中，吃起来冰爽脆甜。

闲暇时间，在小镇周边走一走，穿越密林与峡谷，遇见雀儿林村，孩子们都会兴奋喊道：“是石头房子啊！”没错，一条蜿蜒的小路尽头是一个极具原始风貌的村落。石房石屋比邻而居，石墙石院随形而就，石碾石磨、石槽石磙、石桌石凳随处可见，这是一个神奇的石头部落。热情的老乡煎了一盘金黄的山鸡蛋，小孩子吃得可香了。远处的农田里，一头毛驴正在主人的驱使下卖力前进，它身后是刚刚犁好的黄土地。坐在村口已有上百年的大树下，看着周围的一切，突然觉得心里踏实、平静，好像回到了小时候的家。

意·田园于心

一年四季，春华秋实，变化有序；花开花落，和缓平静；夏雨冬雪，景致不同；瓜熟蒂落，自然农法。

从古时诗人纵情山林的隐士情怀，到现代都市人向往的原生态之美，乡村田园一直是人们理想生活的美好图鉴。“世外桃源”的始创者陶渊明，对隐士的田园生活作了经典描述：

少无适俗韵，性本爱丘山。误落尘网中，一去三十年。羁鸟恋旧林，池鱼思故渊。开荒南野际，守拙归园田。方宅十余亩，草屋八九间。榆柳荫后檐，桃李罗堂前。暧暧远人村，依依墟里烟。狗吠深巷中，鸡鸣桑树颠。户庭无尘杂，虚室有余闲。久在樊笼里，复得返自然。

华中小镇的田园生活最根本在于以人为核心，以体现传统农耕文化的渔、樵、耕、读为脉络，以田园林果为文化意境，张开双臂包容万物。孩子们浸在菜香中，大人们枕在诗情画意里，这来自原乡的滋养与馈赠，让众人陶醉。

与天地相融，自然少不了生机勃勃的小动物们。除了雀山湖畔的白孔雀与蓝孔雀，以及印月潭里的黑天鹅，采薇园里的锦鸡也是一群非常有趣的小家伙。它们是威风的黑将军、活泼的三段锦、冷傲的埃及艳后、别具一格的首尾乌。此外，雅致的水墨鸡最讨孩子们喜欢。

相比采薇园，华中萌宠乐园的动物更加种类繁多，这里为孩子们创造了一方“小天地”，让孩子们体验不一样的“田园狂欢”。温顺系的小矮马、可爱系的小白兔、软萌系的绵羊、灵巧系的猕猴、敏捷系的梅花鹿、英姿系的鸵鸟、原乡系的鸭鹅……它们互相打趣，时而嬉戏，时而进食，时而与游客互动，激发每个人内心深处萌动的童心。

醉·浪漫花海

小镇的千亩花海养趣区，拥有数十种主题花卉，重点打造浪漫花田、许愿花海、观景平台。

这里花团锦簇，百媚千红，弥望如茵的绿草顺着地势起伏蔓延至远山，其中悬挂着缎带似的阡陌，点缀着色彩各异的花簇。明晃晃的油菜花相拥成簇，黄灿灿的孔雀草娇艳似锦，粉白相间的波斯菊淡雅娇俏，缤纷多彩的百日草姹紫嫣红……各种花儿争奇斗艳，灿若烟霞。

人们在山间骑行，在林间漫步，寻回身心的健康，真切感受小镇生活的闲情逸致、奇妙与活力……

同时，在花海的西侧，将有一座“农耕书房”拔地而起，这堪称华中小镇田园生活的文化精华。“农耕书房”将作为体验、教学研基地，让人们接受农业科普教育，并得到思想启迪和升华。

养·中草药园

传承涞源千年的中草药文化，华中小镇以药食同源、特色中草药种植为核心，已完成油用牡丹试验基地的标准化种植，并通过延伸产业链和产业化，优化景观环境，以支持小镇的康养体系，满足药膳、药浴、健康饮食等多维度康养生活需求。

刘禹锡诗云："唯有牡丹真国色，花开时节动京城。"华中小镇的牡丹园，有数十株百年牡丹，各色牡丹争奇斗艳，美不胜收，展现着向阳而生的生命力。它们或热情似火，或晶莹如雪，或温柔妩媚，或高雅恬静，朵朵气度不凡，株株花繁似锦，千姿百态，沁人心脾，令人眼花缭乱。另外，油用牡丹的营养成分极为丰富，华中小镇将其制作成牡丹籽油、花蕊茶、鲜花饼等产品，均具有滋养调理之功与益体健身之效。

一砖一瓦皆有意，一草一木总关情。华中小镇是充满阳光和雨露的"伊甸园"，也是千百万人圆梦的地方。在华中小镇生活，我们愿做春风化雨的护花人，共同守护这片洁净的蓝天，守望这轮皎洁的皓月。

附录

特色小镇的生活特色

作者/赵建棠

中国经过几十年的高速发展，许多城市都进入了后工业时代，如果仅从基础设施等公共产品评估，一些大城市已提前进入了现代化。然而，生活在城里的人，却谈霾色变，谈车色变，谈房色变……人们每天在高楼林立的城市中穿梭，苦不堪言，毫无幸福感。

建设特色小镇，要以现在的城市为镜子，找准大城市病的病根，做好小镇规划，控制好小镇规模和人口密度（一般控制在3—5平方公里，居住人口1万—3万），建筑密度要远低于城市，绿化率要远高于城市（达到40%以上），不搞高楼大厦、水泥森林，充分保护原有生态，让人们的生活充分贴近自然。特色小镇要想避免重走大城市病的老路，就要把“因地制宜、科学规划”这个纲抓牢。

我们建白石山华中康养小镇，坚持规划先行的原则。水如何供，路如何修，房如何建，景观绿化如何搞，原生态如何保护，全都在图纸上标注得清清楚楚。比如说景观绿化，并不是栽几排树、种一片草那么简单，景观要做到有景可观，它是一种人文体验、精神享受。而绿化就要做到全域绿化、立体覆盖，要营造水土涵养、空气湿润的环境，通过大量绿植提升生态环境，净化空气，增加空气中的负氧离子。现在我们建成区的空气湿度在60%—70%，负氧离子量每立方厘米达20 000—60 000个。这里的环境质量是许多城市无法达到的，而达到这样的效果，除了和小镇选址有关外，还和精心营造小镇生态环境密不可分。小镇的一砖一瓦总有意，一草一木总关情，只有建设者用心，居住者才能乐享。

只有好的生态环境还不够，还要具备优良的基础设施。华中小镇的基础设施是按国际现代城市标准进行规划设计的，交通道路全部实现人车分流，按主干道、支干道、步行慢道三级道路网规划。小镇内每个分区均设健身跑道，设老人、青年、儿童户外活动中心；业主会所分设文化、娱乐、健身、交流、教育等分区；业主大食堂的食品就是用小镇现代农业体验园的蔬菜和禽蛋制作的，还有些就是业主自己参与种植的。另外，小镇还建有小卖部、业主生活超市。小镇的生活半径比大城市的生活半径缩短了数十倍，而生活质量却比大城市高了若干倍。小镇内Wi-Fi全域覆盖，互联网应用同比乌镇，业主在任何一家小店都可用手机支付的方式购物。在业主会所可预订到达世界各地的机票、国内各城市的高铁票。小镇虽小，却可联通世界。

小镇的健康中心计划引进国际国内医疗保健机构，规划中医养生理疗中心、西医医疗保健中心、健康体检中心、妇科保健疗养中心等，让关注生命成为小镇的生活时尚。

小镇规模虽小，但现代能源管线都十分发达，供水、供电、供气、无线网络、智能系统、太阳能系统、净化系统、排水系统等全部按现代城市标准设计。主管线全部通过地下管廊设置，数十条管道编号分层摆放，安全可靠，便于检修。再加上小镇的高端温泉休闲疗养设施，优质山泉水供水设备，近在身边的温带原始森林，以及泉水叮咚、蓝天如海、茂林修竹、如诗如画的自然环境，这个小镇是不是一个人间天堂？无怪刚来到小镇的一位诗人惊呼："身居小镇，乐不思蜀，西湖老矣，天外有天。"

圆梦康养 心向远方

政通逢国运，风好正扬帆。华中小镇，是中国新时代城乡融合的载体，寄托着华中人的创业梦，承载着世人对美好生活的向往。

华中集团，将在赵建棠先生的带领下，在中国绿色产业和大健康产业发展道路上勇往直前，为“十年内建设若干个特色小镇”的战略目标努力拼搏。

未来五年，华中涞源小镇将深入构建中医养生、农业养趣、民俗养情、艺术养心、运动养身、自然养疗的健康产业体系，在温泉度假区基础上，构建八大功能分区，开发高质量、高附加值的健康产品，让小镇成为一座修身、养性、度假、怡情的世界级生态花园。

山地农业区，将在“四园”基础上，全面深化华中绿谷现代农业园建设，升级游客服务中心、智慧农业区、健康养生区、花海养趣区、田园养心区，实现农业科技示范、绿色果蔬种植、农业研学、农耕体验等功能，满足小镇健康饮食和营养食疗需求，打造种养结合、生产标准化、生物多样化的生态新农业。

山地运动区，全面拓展春、夏、秋、冬四季的山地户外运动，打造四季可玩的运动项目。无论是山地滑雪、戏雪，还是山地户外登山、13 公里骑行、半程马拉松、青少年足球训练，都能让你迈着激情的脚步，开启山地运动新体验。

山地艺术区，打造特色文化创意产业群。小镇建设白石山麓文化艺术村落、创意工坊、创意集市、微电影基地、企业会所商务园，汇集书画艺术品创作、交流、体验、互动、展示、交易各个功能，为艺术创意爱好者和企业，提供广阔的创作展示和工作的空间。

健康养生养老区，打造居家养老、无障碍养老、候鸟式养老示范区，创建国际健康生活圈。

民俗风情旅游区，传承独具特色的中国街坊文化，规划特色美食街、民俗商业街、传统文化展演区等业态，聚合观光旅游、文化体验，打造具有时代特质的复合型文化休闲旅游综合体。

中国古建筑群落，传承中华文化，体现汉唐仿古建筑风情。小镇规划建造古建筑博物馆、古建筑影视基地、中国艺术品展览区、大中医文化展博馆、太行山特色商品展示交易中心、中国民居，提供可赏、可游、可乐的旅游度假体验。

白石河公园，立足白石河上游，是一座集生态、休闲、娱乐为一体的市政公益性公园。小镇打造这个公园，不仅保护了山水资源，融汇了涞源文化特色，治理